群星闪耀时
这个时代的足坛传奇

克洛泽
致命进球

[德]克里斯托夫·纳格尔 著
常袒 译

Kloses Tore:
Die 16
WM-Treffer.
Die Karriere.
Das Leben

新世界出版社
NEW WORLD PRESS

Author: Christoph Nagel
Title: Kloses Tore: Die 16 WM-Treffer. Die Karriere. Das Leben
Copyright © 2014 by Hoffmann und Campe Verlag, Hamburg, Germany. All rights reserved.
Chinese language edition arranged through HERCULES Business & Culture GmbH, Germany
Simplified Chinese edition copyright:2017 Beijing Wisdom & Culture Co., Ltd.

图书在版编目（CIP）数据

克洛泽：致命进球 /（德）克里斯托夫·纳格尔著；常袆译. -- 北京：新世界出版社，2017.2
（群星闪耀时：这个时代的足坛传奇）
ISBN 978-7-5104-6141-5

Ⅰ.①克… Ⅱ.①克… ②常… Ⅲ.①克洛泽—传记 Ⅳ.①K835.165.47

中国版本图书馆CIP数据核字（2017）第 012988 号

克洛泽：致命进球

选题策划：蒋　祥　邓东文
作　　者：[德]克里斯托夫·纳格尔
译　　者：常　袆
责任编辑：丁　鼎
责任校对：宣　慧
责任印制：李一鸣　高　金
出版发行：新世界出版社
社　　址：北京西城区百万庄大街 24 号（100037）
发行部：（010）6899 5968　　（010）6899 8705（传真）
总编室：（010）6899 5424　　（010）6832 6679（传真）
http://www.nwp.cn
http://www.nwp.com.cn
版权部：+8610 6899 6306
版权部电子信箱：nwpcd@sina.com
印　　刷：北京旭丰源印刷技术有限公司
经　　销：新华书店
开　　本：710mm×1000mm　1/16
字　　数：160 千字　印张：14
版　　次：2017 年 2 月第 1 版　2017 年 2 月第 1 次印刷
书　　号：ISBN 978-7-5104-6141-5
定　　价：49.80 元

版权所有，侵权必究
凡购本社图书，如有缺页、倒页、脱页等印装错误，可随时退换。
客服电话：（010）6899 8638

克洛泽是今天的主角。

克洛泽,世界杯的神话。

——西班牙《马卡报》

克洛泽,全新德国队中的走钢丝演员。

——意大利《晚邮报》

我的梦想是参加世界杯并起到重要作用,我成功了。

——克洛泽

这就是真正伟大的射手,不会兴奋过度,因为他将进球视为自己的职责。

——英国《每日邮报》

2002年世界杯首场比赛时我独中三元,2006年进两个球,现在对澳大利亚我只贡献了一粒进球。这样下去的话,我2014年的时候就碰不到球了。

——克洛泽对自己历届世界杯首场比赛的评论

16粒进球,现在他成了奇迹。

——意大利《罗马体育报》

赞美克洛泽。德国完美的计划彻底摧毁了马拉多纳的梦。

——英国《星期日独立报》

今天和我想象的差不多。
——寿星克洛泽在对阵哥斯达黎加队的赛后说道

克洛泽,声震世界的克洛泽!

——德国《体育图片报》

克洛泽被载入世界杯史册。

——西班牙《机密报》

克洛泽大帝。

——法国《世界报》

克洛泽被载入史册,他自己本身就是一部历史。

——拉齐奥官方推特

老将，谢谢你！

——德国《图片报》

克洛泽撕裂了罗纳尔多的进球纪录。

——德国《法兰克福汇报》

克洛泽,来当市长吧!

——德国西南电台,来自布劳巴赫市

目　录

人物掠影	克洛泽	1
进球 1	德国 1：0 沙特阿拉伯	13
进球 2	德国 2：0 沙特阿拉伯	23
进球 3	德国 5：0 沙特阿拉伯	33
进球 4	德国 1：0 爱尔兰	43
进球 5	喀麦隆 0：2 德国	53
进球 6	德国 2：1 哥斯达黎加	63
进球 7	德国 3：1 哥斯达黎加	73
进球 8	厄瓜多尔 0：1 德国	83
进球 9	厄瓜多尔 0：2 德国	93
进球 10	德国 1：1 阿根廷	103

进球11	德国2∶0澳大利亚	115
进球12	德国1∶0英格兰	127
进球13	阿根廷0∶2德国	139
进球14	阿根廷0∶4德国	149
进球15	德国2∶2加纳	159
进球16	巴西0∶2德国	169
附录一	媒体对克洛泽破世界杯进球纪录的评价	180
附录二	克洛泽履历	182
附录三	世界杯射手榜	185
作者简介		187

人物掠影　克洛泽

没有布劳巴赫和迪德尔科普夫,就没有克洛泽。看到这二位,就像在看一场轻松的普法尔茨地区版本的《大青蛙布偶秀》表演。在人背后喋喋不休的斯塔特勒和沃尔多夫,坐在克洛泽飞黄腾达的职业舞台边上,评论着所发生的一切。

"这个男孩子将来必有所作为!""最开始的时候,其他同学在学校里踢球,都没他的份儿。""不管怎样,他还是学了点儿像样的东西。""像样?造房子的木匠!得经常上房揭瓦吧。嗯,应该就是这样。哈哈哈哈。"

如果布劳巴赫和迪德尔科普夫能说会道,那么场景本应如此。只是这二位并非西装革履的训练见证人,而是莱茵兰-普法尔茨州的地名,隶属联盟政府库塞尔。具体来说,迪德尔科普夫更大(约有700名居民),而布劳巴赫(约有450名居民)更有骄傲的资本,因为克洛泽是布劳巴赫人。而克洛泽加入的第一个足球俱乐部就是布劳巴赫-迪德尔科普夫俱乐部。这个响当当的事实为布劳巴赫和迪德尔科普夫刷出了满满的存在感。米洛斯拉夫·克洛泽还会有很多世界杯进球,他总是带着一点儿小城市的感觉。但好就好在，这种感觉和他很配。这点并没有让他显得卑微，而使他看起来更加强大。因为他时时刻刻都在成长进步。

在克洛泽来到布劳巴赫之前，他是一名难民。8岁那年，他随父母约瑟夫和芭芭拉还有姐姐马塞娜，从波兰通过边境难民临时住所弗里德兰来到德国。克洛泽在2006年的一次采访中说道："当时非常艰难，你和三四个家庭坐在一个房间里等着拿护照。也许能拿到，也许拿不到。但我也不是很肯定'毫无安全感'这句话是否能准确地描述出当时的感受。"

那时，克洛泽一家已经在法国生活了一段时间。他的父亲约瑟夫曾效力于法国欧塞尔队，是一名职业球员。在居伊·鲁的执教下，全队进入了法国高级足球联赛，并一举杀进了优胜杯决赛。随后，他效力的法国沙龙队从四

级联赛踢进了三级联赛。在这之后，约瑟夫退役并回到了波兰。2002年初，克洛泽在踢球时身体曾一度达到极限。那时俱乐部的教练并没有理会，而是他的父亲通过视频帮他分析跑位。"他告诉我，在球场的哪些位置上，我不必徒劳地去和其他队员一起跑回去。"克洛泽说道，"这对我帮助很大。"母亲芭芭拉作为波兰国家女子手球队队员，也遗传给克洛泽一定的运动天赋。通常，人们会将克洛泽的弹跳能力归功于母亲的基因。

起初，在德国的生活并不容易。当时，除了"是"和"谢谢"之外，小克洛泽不会讲任何德语。原本应该上四年级的他只能去二年级报到。而在第一次听写时，他更是交了白卷。他参加教会活动，在天主教会做助手，并成为参加三圣节颂歌献唱活动的孩子中的一员。这些对他融入德国社会起了很大作用。当然还要特别提到足球运动：如果不是当时校园踢球时少一个人的话，这个之后默默成为世界杯历史总射手王的人也许要等上很长时间才能踢上球。

克洛泽出生在奥波莱，这个城市之前是上西里西亚地区的首府。克洛泽的孩子们在双语环境中成长。通常，他和妻子还有父母说波兰语。而至今，他还有许多表亲住在波兰。当他参加2012年波兰乌克兰欧洲杯时，他的亲戚都来为他加油助威。他们对他的信任让他非常高兴，毕竟克洛泽是个顾家的男人。这点在人物描述中是必不可少的。

  他甚至发明了自己的家庭进球庆祝手势：三根手指分别代表妻子西尔维娅和2005年出生的双胞胎儿子卢安和诺亚，拇指和食指扣成的环代表一家人在一起。这个手势并不像克洛泽空翻那样出名，但比起看起来兴奋过度的克洛泽空翻，这个手势更能体现他的为人。从马戏团出来的男人？型男？"嘿，我来了"？和这些形象相比，克洛泽就好像是乡下小酒馆里的香槟塔一样。我们这里谈到的这个男人在他拿到作为职业球员的第一笔薪水后买了辆新车，但这辆车只是之前的同款，不过是升级了设备而已。旧车则给了父母。旧牌子被他拧在了新牌子上面，只有进球了，才能拿下来，好似只有特殊的成绩才配得上每一次庆祝。

  克洛泽并不是在每一次进球后都空翻。随着年龄的增长，考虑到受伤的危险性，他空翻的次数越来越少。比如2008年赛季初期，克洛泽代表拜仁出战时,在和卡尔斯鲁厄的比赛中,他进球后空翻不幸受伤被换下场。拜仁主席贝肯鲍尔在背后嘲笑他说:"他受伤应该是因为翻的次数少了吧!不过他倒是也没什么进球,自然也就没什么机会经常空翻咯!"

克洛泽的拜仁时代是他进球最少的时期,在4年里的98场比赛中,只进了24粒球。他在自己其他三个职业比赛阶段则更成功一些。看来"好莱坞足球俱乐部"和有基础的幻想家并不是很合拍。

而在凯泽斯劳滕就好多了,在那里他实现了自我突破。这位从贝岑山走出的德甲队员在洪堡俱乐部踢了一年后,终于开始引人注意,那时他20岁。在当下,20岁作为职业生涯的起点已经算是高龄了。而那时注意他的也只是业余队。虽然克洛泽勤奋刻苦,但并没有受邀参加职业球员的试训。他必须毛遂自荐。有一天,他问奥托·雷哈格尔自己是否能参加两周职业队的训练。于是他得到了这个机会并留了下来。而克洛泽最初的6场职业比赛(0进球)让他在"奥托国王"下饱受争议。2000年10月,球队的主教练换成安迪·布雷默,克洛泽才成为核心球员。

克洛泽的职业生涯开始得如此之慢,不过他全力以赴很快实现了第二次加速。2000年9月22日,莱茵兰-普法尔茨州德国西南电台转播了他的电视首秀,这成了令人瞩目的时代记录:用最浓郁的普法尔茨口音,带着最特别的友谊，这个害羞的凯泽斯劳滕射手之星力保将胜局收入囊中。当时他刚从欧洲联盟杯两场对阵都柏林波西米亚人队的比赛中"毕业"。他自己对结果也很震惊："三年前我还站在凯泽斯劳滕球迷中间呐喊助威。目标：国家队？不，不。这还太遥远。进国家队应该没戏。"

没戏？布劳巴赫和迪德尔科普夫应该早已对他的表现十分满意了。但他从不缺少理想。就像在电视节目中，世界足坛巨星弗里茨·瓦尔特建议青年才俊可小酌一杯，但不要像沾染烟草一样，而克洛泽的答复排除了他是烟鬼的可能性（"我从不抽烟"），这也更让人觉得他今后会踢进国家队。

果然没过几周就有了下文：2000年秋，在克洛泽第一次尝试进入国家队时，他给当时的主教练鲁迪·沃勒尔留下的印象有点儿尴尬。沃勒尔说："在训练的时候，我觉得克洛泽并不想冒尖。"

直到后来，克洛泽的"速度、技巧和带球"才让教练深感震惊，并得到了第一次出场的机会：2001年3月世界杯资格赛中对阵阿尔巴尼亚。在那场比赛中，他不但上场，而且在被换上场15分钟后以1粒决胜进球将比分定格在2∶1。在戏剧性般完美的第88分钟，还有克洛泽空翻。

克洛泽一直在凯泽斯劳滕队踢球，直到2004年托马斯·沙夫把他从普法尔茨这片土地上挖走。5年时间，44粒进球，克洛泽以500万欧元转会云达不来梅队。这支队伍在2004年德甲和德国杯中获得冠军。他和伊万·克拉什尼奇组成实力强劲的"风暴二人组"。虽然在他效力不来梅期间,球队并没有夺冠,但在2006年获得了德甲亚军。这一年是克洛泽的最佳赛季:26场比赛,25粒进球,13次助攻。这是一个无与伦比的成绩,只是汉堡米勒门球场没有地暖这件事不尽如人意。

2006年1月25日的德国杯1/4决赛早已为德国足球业界所津津乐道。当时的圣保利主席利特曼至今还常提起不来梅总经理克劳斯·阿洛夫斯对裁判布里希说的话:"如果一名国家队队员在此受伤,国家队因此没有夺冠,那都是你们的错!"虽然当天天寒地冻,赛场上还有大面积积雪,但比赛还是如期举行。而赛前再次降雪,最后圣保利3∶1获胜。

阿洛夫斯的担忧偏偏在他最得力的前锋身上应验了。在一次短距离跑位之后,克洛泽滑倒在圣保利队的罚球区,起不来了:肩膀脱臼。赛后阿洛夫斯说道:"我就知道会出事,因为米洛每次都全力以赴。"或者像《时代周刊》编辑尼克·刘比克说的那样,"他宁可手臂脱臼,也不愿意给别人留下自己没尽全力的印象"。

克洛泽休养4周,错过了18日至22日的5场德甲比赛。如果他没受伤,这段时间会射进多少个进球,成了足球史上的一大悬疑。在2006年,克洛泽是德甲射手王,是那届世界杯最佳射手"金靴奖"的得主,德国队也在世界杯中取得第三名的好成绩。作为球员，克洛泽在不断提高。他说："在不来梅，我慢慢发展为配合型前锋。"

之后他也没有停下前进的脚步。在2012年的一次采访中，他承认自己很羡慕新一代球员以及他们的发展空间。"现在是快节奏的现代足球时代，我真想像他们一样年轻，这样我就能再踢10年。但是当我审视自己的身体状况时，我知道自己不能踢那么久了。"他曾自嘲自己的身体软弱无力。

其实，克洛泽在2006—2007赛季的表现让他看起来更加前途无量，比他所谓年轻时的状态要好很多。他的成就和发展不仅让他达到巅峰，还让他当仁不让地入选了德国最成功职业球员的名单。2006—2007赛季，虽然不来梅在阵型上多有困难，但克洛泽还是以13粒进球和16次助攻踢出了一个成功的赛季。

虽然和不来梅的合同到2008年才到期，但克洛泽最终决定离开。这让不来梅球迷很愤怒，特别是克洛泽和拜仁老板在汉诺威的第一次密谈正好在不来梅很重要的一场欧洲比赛前曝光。球迷对他的谴责不断，认为他个人私利高于球队利益。而之前他一直以绝对忠诚著称。2005年和2012年，德国足协授予他公平竞赛奖。第一次是因为

他在不来梅踢球时告知裁判对方守门员动作并无犯规并放弃射点球,第二次是他在拉齐奥效力期间向裁判承认自己手球。最后进球被判无效,拉齐奥0∶3输掉了比赛。但报纸对此却是贬大于褒。

其实不来梅球迷更多的愤怒是与拜仁有关。2007年,拜仁位列德甲第四,不来梅第三,这多少要归功于克洛泽带来的魔力。而现在他就这

样被拜仁买走了？虽然双方俱乐部高层都表示这位"明星前锋"的转会是在和谐友好的氛围下完成的，但人们还是觉得这是巨款和权力促成的结果。最终转会费用应该在1200万～1500万欧元之间。对于同类型的前锋来讲，这是个天文数字。即便克洛泽身价不断上升，人们还是会或多或少低估了他。特别是他在2014年世界杯上攻入了个人第15粒进球，这是很多人都想不到的。

在不来梅效力3年后，克洛泽转投拜仁并踢了4个赛季。刚到的第1个赛季，他就随队在教练希斯菲尔德的带领下夺得德甲和德国杯冠军。但之后就没这么幸运了。2011年他转会到罗马拉齐奥队。拉齐奥队曾在1998年挺进欧联杯决赛，在1999年欧洲超级杯夺冠，是1974年和2000年的意甲冠军。拉齐奥不像皇马、曼联和巴萨那样世界知名，但比起在慕尼黑，克洛泽和家人在这座"永恒之城"可能有更多的私人空间，也可以将精力更多地放在足球上。罗马离教皇近可能也是一个加分项——克洛泽是天主教徒。

克洛泽有朝一日会成为罗马的荣誉前锋之星（因对阵地方劲敌罗马队的德比中赢球而广受爱戴）。他曾效力于德甲霸主，获得了2次德甲冠军、2次德国杯冠军、1次欧洲冠军联赛第二名和2次德甲亚军——这还不包括他在国家队中取得的成就。而在他18岁生日时，没人敢想象他有朝一日会如此成功。

那时克洛泽虽然在布劳巴赫-迪德尔科普夫队频繁出场，但他貌似和职业球员不沾边。他住在布劳巴赫。在他16岁第一次也是唯一一次参加埃登科本体校训练选拔时，校方还在犹豫是不是让他父母留下来，把他接走。

对于不能慧眼识珠这类潜在的谴责，当时的招办负责人给予了强烈的驳斥。倒不是他们眼力不好，确实是克洛泽当时太平庸了，以至于后来克洛泽在电视上遇到自己青年时期的教练时，教练都想不起来他是谁。他本应记得克洛泽的，但就是完全没印象。在此，我们暂且不谈这种被忽略的感觉是让克洛泽感到受伤还是激励他勇往直前。一般来讲，年轻队员在入选后，自己在车里坐着的时间通常比比赛时间长。他们永远在路上，一场接一场地去比赛。

但年轻的克洛泽在路上的时间却相对较少，他很多时间都和父母住在一起。他在完成技校学业后，选择做一名木工。至今还有家附近的居民自豪地称他们的屋顶架是克洛泽帮着做的。

这就是克洛泽的故事。他的职业生涯就像他著名的空翻一样在空中爆发。他低调，大器晚成，魅力独特。这个在世界杯不被看好的人，也许是所有时代最脚踏实地的球星。

克洛泽让所有人都知道，布劳巴赫和迪德尔科普夫离巴西马拉卡纳球场也许比我们想的要近，国家队员队服上的星星也没有那么遥不可及。接下来几章主要讲述克洛泽著名的世界杯16粒进球。

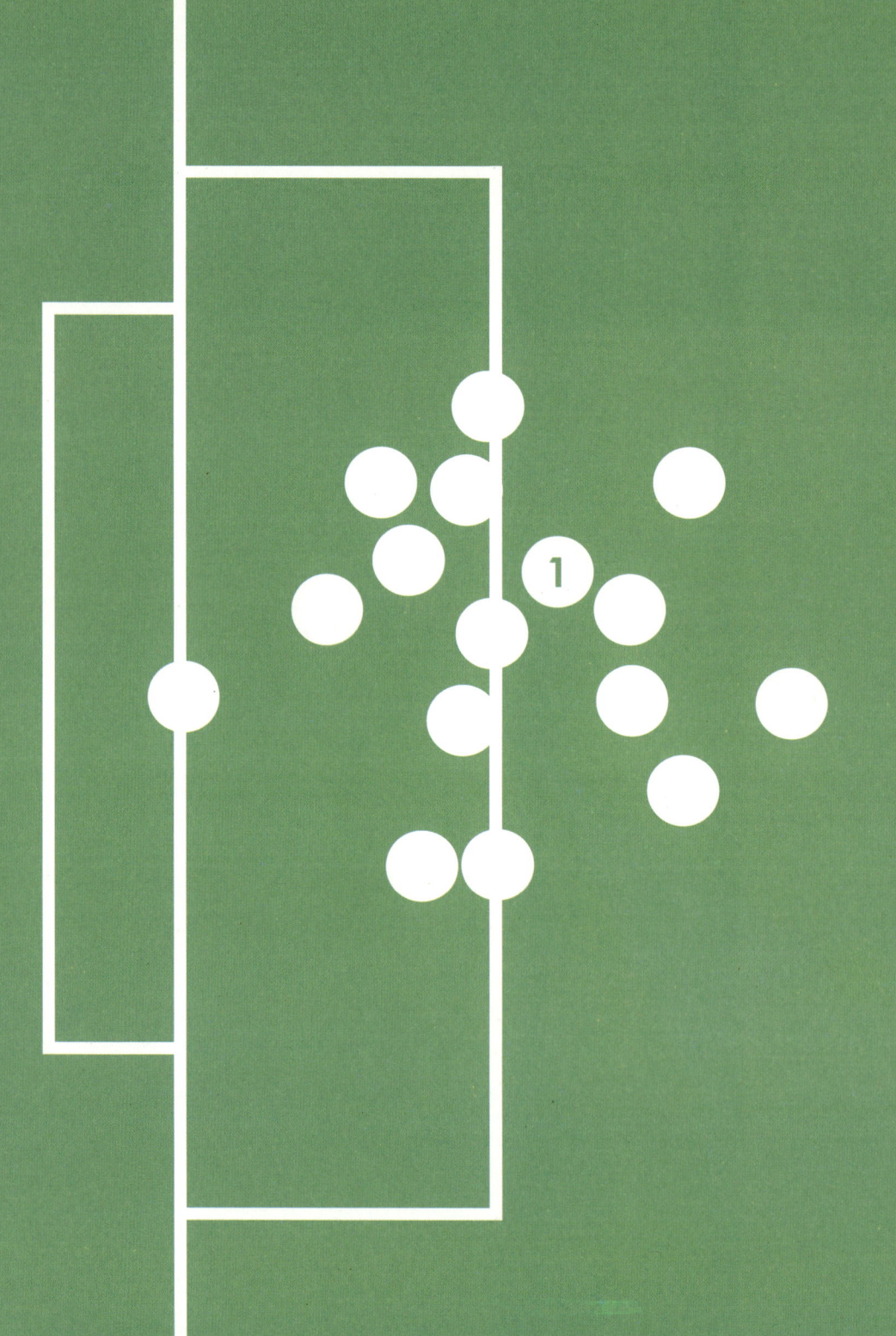

进球 1
德国 1：0 沙特阿拉伯
头球

　　这个进球发生在德国时间中午1点50分。通常这个时候还是德国人的上班时间，人们还在互道"午安"。2009年周六举行的德乙联赛在这个时间都还未开始。由于和日本有时差，比赛都在德国的白天进行。当时还没人会想到这将是历史性的一刻。在2002年韩日世界杯上，德国国家队的首粒进球意义远非如此。

　　在E组对阵沙特阿拉伯的揭幕赛中，德国队在第19分钟的这个进球承载了太多的"第一"。它跨越历史，铸就传奇。这个进球将魔法的大门缓缓打开。从各种层面来看，人们都可称之为首次中的首次。这是2002年世界杯德国队的第一个进球，也是克洛泽在他首届世界杯中的首粒入球。它不但是德国世界杯赢球最高纪录的第一个入球，而且还成为世界杯历史上头球进球最长系列中的第一个进球。

而这也是克洛泽世界杯16个进球中的第一个。在这之后，克洛泽进球数不断增加，并最终将巴西人罗纳尔多踢下了世界杯射手榜的宝座。这个波兰裔土著普法尔茨人从此引领射手榜。这就是身披11号战袍的前锋球员克洛泽。

我们现在再来看看当时的比赛实况，感觉就像身处

进球1　德国1∶0沙特阿拉伯

另一个时代。其中原因并不能全归结为当时还没出现高清电视。当时拿话筒解说的是海里博特·法斯宾德。教练席上坐着沃勒尔,他用米色西装代替了深色衬衫,一头灰白头发梳成前短后长的鲻鱼发型,而黑色马尾不是他的风格。他的绰号叫"凯西阿姨"。而在绿茵场上奔跑着的是拉梅洛、施奈德、巴拉克等一众好汉。门神卡恩把守大门,他的络腮胡子是那么引人注意,下颚线条很分明。当然场上还有梳着莫西干头的齐格。

在2002年,毒丝膜菌被评为年度蘑菇,但没什么人记得这事。那年的年度词是"昂贵的欧元"。1月1日起,马克成了过去时。所有人在脑中算价钱时都要乘以2,那是一个什么都翻倍的时代。这场比赛也印证了这点。

比分还是0∶0,开局慢热。也有可能是音响效果的缘故,比赛节奏只是听起来比较慢。札幌穹顶体育场内容纳了32218位观赛者。虽然场面宏大,但如夜晚森林般寂静。人们可一一分辨出场内被呼喊球员的名字、射门时的躁动和德国球迷小分队的呐喊。赛后比埃尔霍夫说他在替补席上都能听清看台媒体区的对话。只有当快要进球时或者扬克尔控球时,看台上的窃窃私语才会如风暴般迅速席卷全场。扬克尔身高1.93米,一脸酷像。他在拜仁踢了一个赛季后没有任何进球,人们戏谑称之为"零进球扬克尔"。在日本,他却有着令人惊羡的人气。8分钟时,扬克尔进球,德国人欢呼雀跃。但德国队犯规在先,进球无效。

10分钟后,也就是比赛进行到19分9秒之际,巴拉克左路禁区外拿球,位置大约和点球罚球点平行。3个穿绿色队服的对方球员盯防他,但离他最近的都距他两米远。巴拉克有足够的时间将球停好,看准目标,然后看似随随便便地起脚传中。

巴拉克的边线传球高点直入禁区。球在空中飞了几米后,扬克尔试图反身倒勾,但球划过他在空中的右腿,继续飞行。球出现在罚球点附近,两名沙特球员并没能成功断球,球继续飞行。克洛泽在球门前5米处准备射门时,球比齐腰还高一些。克洛泽,那时的世界杯新手——没经验，没亮点，也不为日本观众所熟知。他身后有一名沙特队队员，身前则是准备扑救的守门员。

克洛泽看起来就像是要咬这个球似的。他头向前伸，上身跟上。他触球射门，失去平衡，以俯卧撑的姿势向前倒去。动作看上去像是鞠躬，又像是跌跌撞撞和跳跃的混合体。他盯着球，球触地反弹直奔右边球门。守门员跃向门柱方向扑救，但是于事无补。

球在网中滚动时，克洛泽也重新找到了平衡。没有后空翻，只是向空中一跃，张开双臂庆祝进球。然后再是一跳，对着镜头送上一吻，献给他的女朋友。《图片报》称他柔情，而扬克尔则是硬朗的代表。

这一天，球第一次被带回到中场。沃勒尔振臂欢呼。克洛泽紧握胜利的拳头仰天长啸。队员们也上来祝贺他进球，扬克尔和弗林斯拥抱了他。德国队胜局已定，世界杯首秀堪称完美。这是克洛泽的第一个世界杯进球。

进球

德国 1：0 沙特阿拉伯

第20分钟

方式：头球

助攻：巴拉克

进球庆祝方式：跳跃，奔跑，飞吻，握拳，大吼。

克洛泽，全新德国队中的走钢丝演员。

——意大利《晚邮报》

比赛

德国 8：0 沙特阿拉伯

2002年世界杯首场比赛

开球：2002年6月1日，13：30

球场：札幌穹顶体育场

观众：32218

1：0　克洛泽（20'）

2：0　克洛泽（25'）

3：0　巴拉克（40'）

4：0　扬克尔（45'）

5∶0　克洛泽（70'）

6∶0　林克（72'）

7∶0　比埃尔霍夫（84'）

8∶0　施奈德（90'）

破门机会　11∶1

角球　10∶1

德国队阵容

卡恩；林克，拉梅洛（46'杰里梅斯），梅策尔德；弗林斯，施奈德，巴拉克，哈曼，齐格；克洛泽（77'诺伊维尔），扬克尔（66'比埃尔霍夫）

教练：沃勒尔

沙特队阵容

代亚耶亚；阿-多萨里，苏莱曼，图卡尔，苏里曼尼；努尔，奥维兰（46'沙哈尼），特姆亚特（46'哈斯兰），阿普杜拉·沙哈尼；贾巴尔，阿尔亚米（77'贾曼）

教练：乔哈尔

裁判：乌巴尔多·阿奎诺（巴拉圭）

黄牌：齐格，哈曼；努尔

如果热爱一样东西，比如足球，你要忍耐、忠诚，要执着、永不放弃，无论它给你带来的是欢乐或失望，名利或痛苦。我会一直在这里，即使世界忘记。

阅 读 笔 记

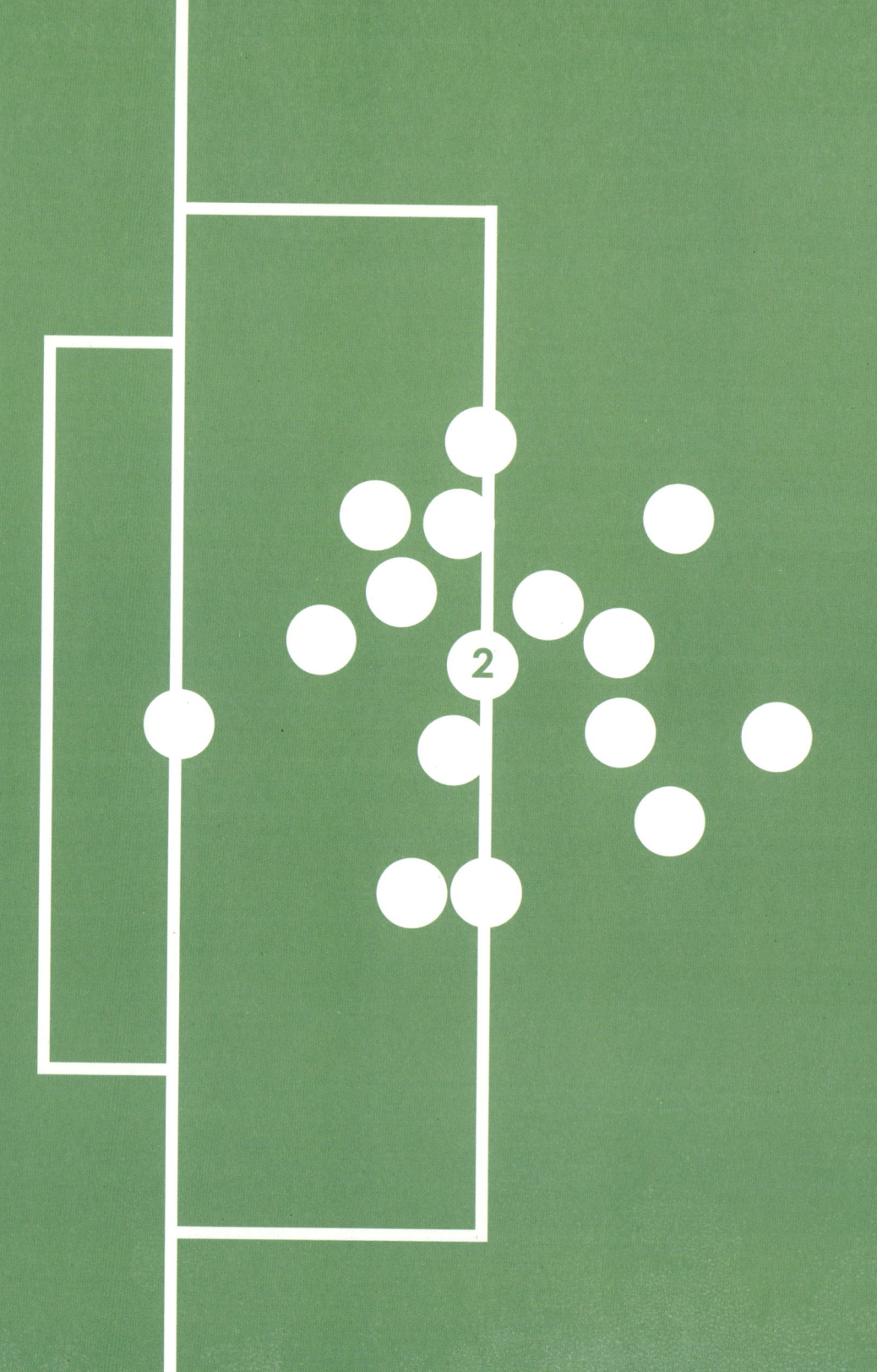

进球 2
德国 2∶0 沙特阿拉伯
头球

克洛泽的第一个世界杯进球虽然出色,但还是缺少关键的亮点。沙特守门员后来曾说他完全不记得克洛泽的特征。

可能克洛泽空翻还没有深入到他的血液里,毕竟他两年来也没翻过一次。这个空翻是他当时受布劳巴赫-迪德尔科普夫队友的启发,在和队友打赌后练成的。第一次翻是在2000年10月20日,克洛泽在凯泽斯劳滕主场对阵云达不来梅的比赛(2:0)中射入自己的德甲首球。他在国际舞台上的首次空翻则是2001年3月24日,德国队对阵阿尔巴尼亚队(2:1),克洛泽踢进自己的首个国家队入球时。

　　而克洛泽世界杯上的空翻首秀还是要追溯到2002年6月他的第一个进球后的5分钟。与沙特队比赛的这几分钟比较轻松：传球，停球；再传，再停。在德国队不断的传接球中，对手并无贴身盯防。球在沙特队员间传一两次之后又迅速回到黑白军团的掌控之下。德国球迷时而有节奏地喊着"必胜！必胜！"，时而高唱着"决赛！哦耶！"。虽然场中的观众有3.2万人，但怎么听

进球2　德国2∶0沙特阿拉伯

感觉都像是不超过50人。

第25分钟,德国队从左路发起进攻。球从德国队禁区直传到前场左边线和禁区之间。这个位置和第一个进球时那个位置差不多。巴拉克控球,但这次是在对方球员的贴身盯防下。因此他决定左脚快速传球。球速比以前更快,但精准度一点儿都不差。球从底线处飞到球门区中央,克洛泽接到了球。

"完美的进球,"评论员法斯宾德称赞道,"他这次显然要空翻了。"如果这个进球值得空翻,那么从射

手腾空一跃那一瞬间就能看出来。克洛泽跳起足有1.5米，整个上半身都高于对方球员。他膝盖弯曲，身体紧绷，用力将球顶进球门。球进了。2∶0。克洛泽没给沙特门将任何机会。这次他没有站不稳，也没有以俯卧撑的姿势紧盯着球。场上如果有打分员的话，那他们应该给这个球10分。

完美的进球，完美的空翻？从起跳到落地来看是这样的——克洛泽毫不费力地在空中转身，又轻松地双脚着地。而12年后在对阵加纳队的世界杯比赛中，他在踢进第15粒进球后的空翻落地看起来可就不那么顺畅了。

这里有一个关于自学成才的传言：据克洛泽透露，他的空翻并非在体操协会学的，而是自己买个垫子自学的。他不断练习了很长时间，直到成功。关于空翻，在2012年，单杠世界冠军汉布钦向DIY杂技演员给出了建议。他认为只有在起跳时双臂高举，才不至于在最后屁股着地。

高举双臂？这可不是足球队员的首选，除非他想效仿马拉多纳的"上帝之手"进球。我们如果认真观察就不难发现，克洛泽在空翻时虽然胳膊也摆动，但实际上给他空翻提供动力的是腿部的肌肉系统。他的弹跳力和青蛙、跳蚤这类生物有一拼。它们身体虽小，但却跳得又高又远。

弄不好克洛泽还能在跳和翻的时候双臂交叠或者在空中自拍——炫酷的因素总是不可估量的。但对于克洛泽来讲，这些都太浮夸了。

克洛泽的原则就是要有高质量的弹跳力，活力四射就免了。他在起跳和翻转的时候从不投机取巧。翻转就是翻转，至于翻出花样就算了吧。因为以克洛泽的性格，怕是练成花样空翻的经过会更加艰难。也许克洛泽空翻的方式和他这个人是相符的，即自立自强。

进球

德国 2∶0 沙特阿拉伯

第25分钟

方式：头球

助攻：巴拉克

进球庆祝方式：禁区内空翻，轻盈落地。

德国和克洛泽一并高高跃起。德国足球队的新人。

——《米兰体育报》

比赛

德国 8∶0 沙特阿拉伯

2002年世界杯首场比赛

开球：2002年6月1日，13:30

球场：札幌穹顶体育场

观众：32218

1∶0 　克洛泽（20'）

2∶0 　克洛泽（25'）

3∶0 　巴拉克（40'）

4∶0 　扬克尔（45'）

5∶0　克洛泽（70'）

6∶0　林克（72'）

7∶0　比埃尔霍夫（84'）

8∶0　施奈德（90'）

破门机会　11∶1

角球　10∶1

德国队阵容

卡恩；林克，拉梅洛（46'杰里梅斯），梅策尔德；弗林斯，施奈德，巴拉克，哈曼，齐格；克洛泽（77'诺伊维尔），扬克尔（66'比埃尔霍夫）

教练：沃勒尔

沙特队阵容

代亚耶亚；阿-多萨里，苏莱曼，图卡尔，苏里曼尼；努尔，奥维兰（46'沙哈尼），特姆亚特（46'哈斯兰），阿普杜拉·沙哈尼；贾巴尔，阿尔亚米（77'贾曼）

教练：乔哈尔

裁判：乌巴尔多·阿奎诺（巴拉圭）

黄牌：齐格，哈曼；努尔

如果热爱一样东西，比如足球，你要忍耐、忠诚，要执着、永不放弃，无论它给你带来的是欢乐或失望，名利或痛苦。我会一直在这里，即使世界忘记。

阅 读 笔 记

进球 3
德国 5∶0 沙特阿拉伯
头球

当记者们寻找相似的词汇来描述进球时，他们总会找到不同的表达方式。语言的表达是千变万化的。"这个球有了"这种表达的使用频率很高，"这球有戏"也常被用到。有时他们甚至会说"教科书般的进球"。助攻成就射门，角球促成一球领先，而欢呼的浪潮则给了任意球。

看过昆汀电影《低俗小说》的人应该都知道里面著名的肾上腺素注射情节。同理，他们也应该清

楚一粒进球对于比赛来讲意味着什么。这就像是一剂药注射到心脏，从而带来无限新生。

和队中其他球员相比，克洛泽在他的职业生涯中踢了更多场次的国际比赛。即便是有"轰炸机"之称的盖德·穆勒，取得的国家队进球数也比他少。2014年世界杯结束时，克洛泽以71粒国家队进球超过了穆勒（68粒）。

36　克洛泽：致命进球

现在让我们重新回到2002年，还是对阵沙特队的比赛。这场比赛早就形成了一边倒的局面。沙特队想要翻盘怕是痴人说梦，或许得让德国队连进几个乌龙球才能让比赛反转。上半场比分4∶0。在优雅传球助攻克洛泽之后，巴拉克和扬克尔分别进了第3和第4个球。沙特队获胜无望。

比赛进行到第70分钟，克洛泽攻入个人本场比赛的第3个进球。施奈德右路斜传至禁区，克洛泽头球攻门，5∶0。90分钟结束，比分扩大至8∶0。这是德国世界杯史上最高的获胜比分。

克洛泽在这场比赛的进球并没有让比赛有多大反转，但对于他自己却是意义非凡。他的人品、天赋和踢球方式都给人留下了深刻印象。而在公众认知方面，克洛泽的变化可谓最彻底：一场比赛三粒进球。他几乎能和穆勒相比了。穆勒在1972年对阵苏联队的比赛中一人独中四元。

这个4年前还在家门口踢球的人忽然就引领世界杯射手榜了。不过最终2002年的金靴奖还是颁给了罗纳尔多，他在整个世界杯中共进8球（其中两球是在决赛对阵德国队时射进的）。

但克洛泽还是让全世界的足球观众们心头为之一震。还有他的庆祝方式也让人印象深刻。人们会记得他进球后的空翻和他之后12年成功的职业生涯。

进球

德国 5∶0 沙特阿拉伯

第70分钟

方式：头球

助攻：施奈德

进球庆祝方式：轻松小跑，双手握拳振臂，拥抱施奈德。

我的梦想是参加世界杯并起到重要作用，我成功了。

——克洛泽

比赛

德国 8∶0 沙特阿拉伯

2002年世界杯首场比赛

开球：2002年6月1日，13:30

球场：札幌穹顶体育场

观众：32218

1∶0　克洛泽（20'）

2∶0　克洛泽（25'）

3∶0　巴拉克（40'）

4∶0　扬克尔（45'）

5∶0 克洛泽（70'）

6∶0 林克（72'）

7∶0 比埃尔霍夫（84'）

8∶0 施奈德（90'）

破门机会 11∶1

角球 10∶1

德国队阵容

卡恩；林克，拉梅洛（46'杰里梅斯），梅策尔德；弗林斯，施奈德，巴拉克，哈曼，齐格；克洛泽（77'诺伊维尔），扬克尔（66'比埃尔霍夫）

教练：沃勒尔

沙特队阵容

代亚耶亚；阿-多萨里，苏莱曼，图卡尔，苏里曼尼；努尔，奥维兰（46'沙哈尼），特姆亚特（46'哈斯兰），阿普杜拉·沙哈尼；贾巴尔，阿尔亚米（77'贾曼）

教练：乔哈尔

裁判：乌巴尔多·阿奎诺（巴拉圭）

黄牌：齐格，哈曼；努尔

如果热爱一样东西，比如足球，你要忍耐、忠诚，要执着、永不放弃，无论它给你带来的是欢乐或失望，名利或痛苦。我会一直在这里，即使世界忘记。

阅读笔记

进球 4
德国 1∶0 爱尔兰
头球

和许多人一样,克洛泽也算是德国队的福星。到目前为止,在有他参与的国际比赛中,德国队还没输过,比如6月5日在茨城县立鹿岛足球场进行的这场比赛。

2002年的世界杯注定不是最精彩的一届。那么多令人瞩目的足球统计数据并没显示出什么实际的重要意义。而那个阶段的基调就是这样。

克洛泽在和沙特队的比赛中独中三元,各大文体类报纸的头条也因此纷纷成了之后媒体用词的标杆。之前《图片报》就刊登出了"鲁迪击败沙特"(Rudi haudi Saudi)这样的标题。还好这奇怪的语言艺术并没有引发什么争议。对于教练沃勒尔而言,这更像是一次令人兴奋的辩论。

　　球队虽然由他领导，但在世界杯前，没多少人看好德国队。两年前，这支队伍在2000年欧洲杯上颜面尽失。在欧洲杯冠军法国队为自己的"高速足球"庆祝时，德国队在里贝克的带领下小组积分排在葡萄牙、罗马尼亚和英格兰之后，A组垫底。于是他们便听着贝肯鲍尔等一众人嘲讽他们是"一群废物"的言论，提前打道回府。

　　在这种背景下，揭幕战的8个进球和像克洛泽这样的希望之星的出现，无疑让人们的看法大为改观。揭幕战之前，人们对德国队的怀疑声不断。1月份的时候，

助理教练斯基贝和他的领导外出进行项目考察。在回国时，他们都对沙特队赞不绝口。斯基贝说："在阿拉伯地区，沙特队无疑是最强的球队。对于我们来讲，沙特队应该很难拿下。"

但首战之后，人们突然觉得德国队赢爱尔兰队也不

是遥不可及的事了。不过德国队脆弱的后防线也着实让人恼怒。电视评论员贝拉·蕾蒂就这么说:"比赛已经过了15分钟,但我们并没有感受到德国人宽阔的肩膀。"

不久之后,胜利的希望之火重新燃起,而克洛泽则功不可没。他的第4粒世界杯进球给观察员提出了一个类似于先有鸡还是先有蛋的问题。到底是巴拉克的传球到位还是克洛泽对球落点预判完美?到底是准确的助攻更难还是预判球的落点更费劲?

在比赛第18分钟时,这两个人看似轻松地演绎出了这番杰作。克洛泽这个进球看起来如此连贯。在此,请允许我还原一下这个令人震惊的过程:一个跑动中的球员要在30米开外将运动中的物体B(足球)传给移动中的物体A(另一名球员)。他直觉上要考虑到A的跑动速度v_A,球飞行的速度v_B,风速v_X和其他因素,然后尽量让A在他的高度所及范围内跳起将B送进静止的物体C(爱尔兰球门)中,以至于让物体D(爱尔兰守门员)满嘴飙脏话却无可奈何。简而言之,巴拉克传球,克洛泽头球攻门——球进了。

至此人们不禁要问,是不是小组两场比赛之后德国队可以直接晋级八强了?在比赛很长一段时间内,事情看来是这样的。这还要感谢卡恩面对进攻的爱尔兰人时在门前左扑右挡,多次力挽狂澜。特别是当对方球员杜

进球 4 德国 1∶0 爱尔兰

夫一个人向扬克尔跑过去时，卡恩大胆冲出禁区解围。

在最后15分钟内，沃勒尔换了3次人：比埃尔霍夫换下扬克尔（75'），博德换下克洛泽（85'），杰里梅斯换下施奈德（90'）。也不知德国队在最后关头是不是不再受幸运的眷顾或者球员注意力不集中了。在第92分钟，爱尔兰队进攻，全场都认为这是他们最后的进攻。奎因中场一记长传，但就是这个看似绝望的传球到了基恩那里。基恩没有浪费机会，起脚劲射，球从卡恩的右方射进了球门。

最后1秒1∶1锁定平局。原本德国队进八强毫无悬念，这下忽然变成了下一场比赛的各种不确定。原本一个锁定胜局的进球一下子变成了拯救球队获得1分的球，这一切都在5秒钟内发生了。

进球后，21岁小将基恩好像在庆祝方面也比德国人高一筹似的。他进球后先一个侧翻，后接一个前滚翻，这看起来算是个朝着地面去的空翻吧！

进球

德国 1∶0 爱尔兰

第19分钟

方式：头球

助攻：巴拉克

进球庆祝方式：在球门线后空翻，轻盈落地，腾空跳起。

我们从更衣室出来想的都是如何将1∶0的比分保持到最后。但这种想法是不对的。

——克洛泽在对爱尔兰队的比赛结束后说道

比赛

德国 1∶1 爱尔兰

2002年世界杯第2场比赛

开球：2002年6月5日，13∶30

球场：茨城县立鹿岛足球场

观众：35854

1∶0　克洛泽（19'）

1∶1　基恩（90'）

破门机会　5∶6

角球　2∶2

德国队阵容

卡恩；林克，拉梅洛，梅策尔德；弗林斯，施奈德（90'杰里梅斯），巴拉克，哈曼，齐格；克洛泽（85'博德），扬克尔（75'比埃尔霍夫）

教练：沃勒尔

爱尔兰队阵容

吉文；芬南，斯汤顿（87'坎宁安），布里恩，哈特（74'里德）；凯利（73'奎因），霍兰德，金塞拉，杜夫；基恩，吉尔巴尼

教练：麦卡锡

裁判：金·弥尔顿·尼尔森（丹麦）

黄牌：无

如果热爱一样东西，比如足球，你要忍耐、忠诚，要执着、永不放弃，无论它给你带来的是欢乐或失望，名利或痛苦。我会一直在这里，即使世界忘记。

阅读笔记

进球4 德国1∶0爱尔兰

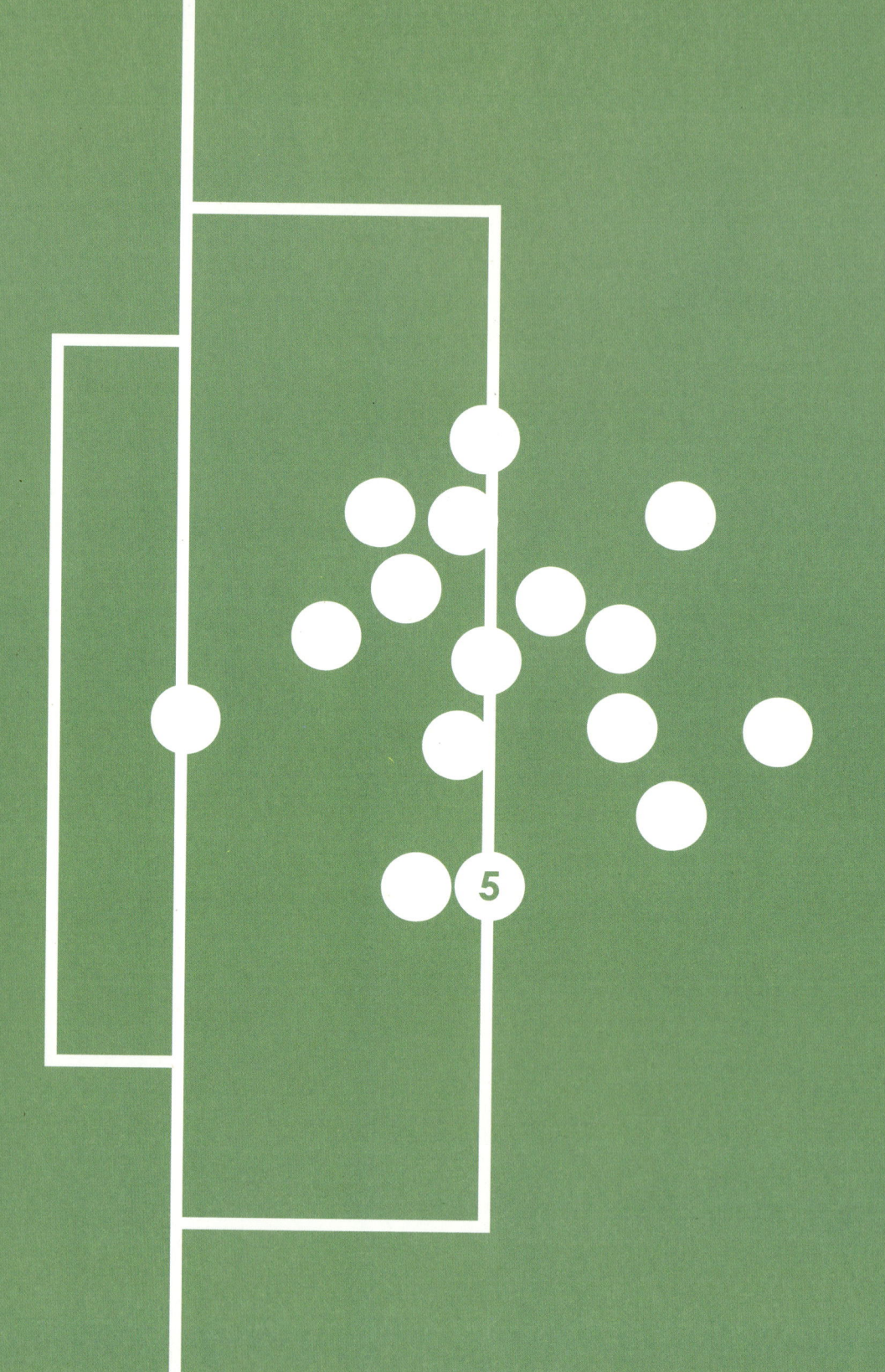

进球 5
喀麦隆 0 : 2 德国
头球

在德国队的小组第三场比赛中，克洛泽又进球了，帮助球队2：0获胜。这是他的第5粒头球破门。纵观整届世界杯，这种一连串的头球破门也可谓史无前例。

头球给人体带来的伤害算是个棘手问题。对这个问题激烈的讨论已告一段落。德国人最爱的《环球》专业杂志给出了让人欣慰的观点。2012年《图片报》刊登信息说："如果方法得当，头球不会让人变傻。"

"得当"意味着别用太阳穴和后脑勺顶球。大脑中含有的水分会缓解外界冲击，从而起到保护脑内结构的作用。头球时人和球会相互起到加速作用。美国韦恩州立大学研究员对超高加速度进行了测量,而这种加速度是喷气式战斗机飞行员能承受的加速度的6倍。

据《法兰克福汇报》报道,人们从目前的实验中无法得出头球引起大脑改变的结论。心理学家佩特拉·扬森在"明镜在线"上对头球频率给出了谨慎的建议:"偶尔使用头球是在人类承受范围内的。有时人跑着跑着还会撞门上呢。但是对于球员来讲,一周踢那么两次球,头球还可以接受。要是常年从事足球运动的话,我还是建议头脚交替使用更好些。"

进球5 喀麦隆0∶2德国

头和脚轮番上阵，起脚助攻，头球破门。2002年世界杯上，克洛泽还只是初出茅庐。对喀麦隆队的比赛进行到第50分钟，克洛泽中场控球。在他前面有3个对方球员，后面还跟着1个。后面那人首先出击拼抢，克洛泽护住球，没有让他得逞。反倒是对方拼抢球员失去重心倒地，而克洛泽则继续带球向前。

下一名球员从正面上前抢断，克洛泽带球从左面闪

过他，左脚传球。球精准地穿过前面两位防守球员，落到跑动中的博德脚下。

在对方球员转身时，博德早已超过他们，独自起脚射门。由左脚射出的球经过喀麦隆队守门员直入球门右下角。1∶0。博德张开双臂向草坪俯冲下去，就像克林斯曼当年在英国踢球时经典的"俯冲飞行"一样。

对阵喀麦隆队的比赛可能是克洛泽最棒的世界杯独角戏。这场比赛印证了克洛泽不仅是一位拥有杀手本能的传接球射门者，还有着过硬的球技来应付一对一的对抗和带球过人。这很了不起。

第79分钟，人们熟知的克洛泽又回来了。哈曼和施奈德在中场附近连过两人，并传球给巴拉克。巴拉克在禁区一角控球，高传至克洛泽。克洛泽在点球点附近的跑位很精彩。他既不构成越位，喀麦隆的防守队员又无法对他进行有效防守。

克洛泽在球门线前起跳，用头以气锤般的冲击力将球向球门的低点顶了过去。喀麦隆门将布卡尔却将球预判成一个高球，他只能跌跌撞撞地直身倒向门网。

2∶0。喀麦隆教练沙费尔喝了一口水，神情沮丧地咽了下去。他的球队必须赢才可能走得更远。他们上半场还有戏，但现在看来希望渺茫了。

克洛泽握拳，瞪大双眼，大吼一声，以表激动之情。这场胜利也确保德国队进入了八强。克洛泽的5个头球进球也并没有让他变傻，而是让他倍感幸福。

在接下来的比赛中，克洛泽场场首发。德国队1∶0战胜巴拉圭队，1∶0战胜美国队，1∶0战胜韩国队。克洛泽却没再进球。倒是卡恩表现神勇，几场小胜多亏了他。

克洛泽的第一次世界杯征程在决赛落幕。在决赛中，他差点就将比分改写成了1∶0，只是巴西人埃德米尔森更快一步。上半场双方战成0∶0，下半场有"射手王之称"的罗纳尔多将比分改写成了0∶2。那天，罗纳尔多比卡恩表现得更好。

克洛泽看着罗纳尔多用他的进球将德国队的冠军梦敲得粉碎，却回天乏术。但总有一天，他要上演惊天逆转。

进球

喀麦隆 0：2 德国

第79分钟

方式：头球

助攻：巴拉克

进球庆祝方式：小跑，轻跳，挥舞双拳，大吼一声。

粉丝的信直接寄到了俱乐部。没准等我踢完世界杯回到凯泽斯劳滕的时候，我得开个大卡车回家。

——克洛泽在2002年世界杯1/4决赛前

比赛

喀麦隆 0：2 德国

2002年世界杯第3场比赛

开球：2002年6月11日，13：30

球场：静冈ECOPA体育场

观众：47085

0：1　博德（50'）
0：2　克洛泽（79'）

破门机会 5∶6

角球 4∶5

德国队阵容

卡恩；林克，拉梅洛，梅策尔德；弗林斯，施奈德（80'杰里梅斯），巴拉克，哈曼，齐格；克洛泽（84'诺伊维尔），扬克尔（46'博德）

教练：沃勒尔

喀麦隆队阵容

布卡尔；格雷米，宋，卡拉，特查托（53'苏弗）；劳伦，福，沃姆，奥莱姆贝（64'科姆）；埃托奥，姆博马（80'若布）

教练：沙费尔

裁判：安东尼奥·洛佩兹·涅托（西班牙）

黄牌：扬克尔，哈曼，巴拉克，卡恩，弗林斯，齐格；福，格雷米，宋，特查托，奥莱姆贝，劳伦

黄牌-红牌：拉梅洛（德国，40'），苏弗（喀麦隆，78'）（在累计两张黄牌后）

如果热爱一样东西，比如足球，你要忍耐、忠诚，要执着、永不放弃，无论它给你带来的是欢乐或失望，名利或痛苦。我会一直在这里，即使世界忘记。

阅读笔记

进球 6
德国 2：1 哥斯达黎加
左脚射门进球

如果人类要用影碟向宇宙宣告自己存在的话，那么这应该是众多影碟中的一张！以现在的视角看，2006年世界杯开幕式上充斥着"稀奇古怪"的场景。

开幕式开始时，300名穿着皮裤的鼓手整齐地排成一列打着行军的鼓点，身着传统服装的表演者们在他们中间，挥舞着皮鞭，声音响彻全场。不知情的人肯定觉得这很奇怪，但这也不算不讨人喜欢。相比这届世界杯的口号"有朋自远方来"，这场面忽然让人感觉有点儿"恐惧从远方来"的气氛。紧接着，来自柏林的希德乐队凭借其舞曲风格让在场的气氛和之前的气氛形成了鲜明对比。

当天安联球场门票全部售罄，场内气氛更是沸腾到了顶点。当国际足联主席布拉特和德国总统科勒一同踏上草坪时，全场鸦雀无声。现在看来，这种现象可能是那晚最意料之外的事了。而在科勒感谢国际足联官员对德国的信任时，场内发出了一些不屑的声音。不过贝肯鲍尔还是赢得了热烈的掌声，因为这里毕竟是他的"主场"。回想以前，贝肯鲍尔都是乘坐直升机去观看大部分世界杯比赛的，不过这次开幕式他并没有乘坐直升机前往。在开幕式上，科勒高呼："希望本次世界杯比赛精彩，进球多多，公平公正。愿足球与民族紧密相连！"

看台上有节奏地喊着:"要开始了!"德国名模克劳迪娅·希弗和贝利护送大力神杯入场;德国歌手赫伯特·格勒内梅尔用英文演唱了他的世界杯歌曲《庆祝这一天》。此时,穿着巨大裙撑的各种怪诞人物造型登场,他们代表着本届世界杯的参赛国家。开幕式尾声时,他们会借助威亚慢慢升起,悬在空中,看起来就像是慕尼黑"橡皮艇"草坪上悬浮着一个个巨大的半球帽子。

开幕式结束后,德国队和哥斯达黎加队等待着奏国歌环节。德国媒体对德国队之前的表现充满了质疑,热身赛中德国队的表现也变化无常。他们3∶0战胜了哥伦比亚队,但2∶2战平了日本队;4∶1战胜美国队,却1∶4输给了意大利队。大家认为克林斯曼这种攻势足球

的理念还停留在试验阶段,如此技战术对于之前被称为"废物"的德国队员来讲算是要求过高了。

不过那又怎么样呢?几分钟之后,德国举国上下就开始上演了令人震撼的球迷盛宴。为了世界杯,德国搭建了大量的公共大屏幕用来观赛,这还是世界杯史上的第一次。德国人喜欢成群结队地在露天观看比赛。在比赛期间,总计上百万的球迷出现在柏林勃兰登堡门球迷大道和汉堡圣灵野的观赛区。从首场比赛时到处飘扬的国旗形成的旗海可以看出,人们对德国队的期望有多高。而和之前相比,现在有更多的人加入到唱国歌的行列中来。

第6分钟,拉姆禁区左角起脚射门,球斜穿禁区直入球门右角,1∶0。第10分钟,克洛泽和施奈德门前配合,此次配合持续了10秒钟,可惜球没进。大家原本都以为能庆祝进球了呢。但很快,比分没变成2∶0,反而变成了1∶1。德国队后卫制造越位没有成功,对方前锋万乔普单刀直入,没有给莱曼任何机会。这时,大家又都冷静了下来,直到克洛泽再次发起进攻。

因巴拉克受伤,施奈德肩负起本场比赛队长一职。第17分钟,他在球场右侧角球点传球至禁区线中央。施魏因斯泰格看到克洛泽向球门区左边跑动,他随即带球向前,在越过一名对方防守队员后,将球传至克洛泽脚

进球6 德国2∶1哥斯达黎加 67

下。克洛泽在距球门3米处将球平推进球门左角。

2∶1，这是克洛泽在世界杯首粒用脚射进的球，而且还是用左脚进的。据说为了不让队友们失望，他之前进行了特别的训练，练习用自己薄弱的左脚射门。

他单膝跪地看着球打入网内。然后他起身跑了起来，却没有太多庆祝，不过这个进球应该是他最好的生日礼物。比赛这天，6月9日，正好是克洛泽28岁的生日。

也许他在提醒自己，这场比赛还会有更多的惊喜。

进球

德国 2∶1 哥斯达黎加

第17分钟

方式：左脚射门

助攻：施魏因斯泰格

进球庆祝方式：小跑出禁区，之后双手握拳。

克洛泽是今天的主角。

——《瑞典晚报》

比赛

德国 4∶2 哥斯达黎加

2006年世界杯第1场比赛

开球：2006年6月9日，18∶00

球场：慕尼黑安联球场

观众：66000

1∶0　拉姆（6'）

1∶1　万乔普（12'）

2∶1　克洛泽（17'）

3∶1　克洛泽（61'）

3∶2　万乔普（73'）

4∶2　弗林斯（87'）

破门机会　11∶3

角球　7∶3

德国队阵容

莱曼；弗里德里希，默特萨克，梅策尔德，拉姆；施奈德（90'+1奥东科尔），弗林斯，博洛夫斯基（72'凯尔），施魏因斯泰格；克洛泽（79'诺伊维尔），波多尔斯基

教练：克林斯曼

哥斯达黎加队阵容

波拉斯；乌马纳，塞奎拉，马林；马丁内斯（67'德鲁蒙德），索利斯（78'博拉诺斯），丰塞卡，冈萨雷斯；森特诺，戈麦斯（90'+1阿索菲法）；万乔普

教练：吉马良斯

裁判：埃利宗多（阿根廷）

黄牌：丰塞卡

如果热爱一样东西，比如足球，你要忍耐、忠诚，要执着、永不放弃，无论它给你带来的是欢乐或失望，名利或痛苦。我会一直在这里，即使世界忘记。

阅读笔记

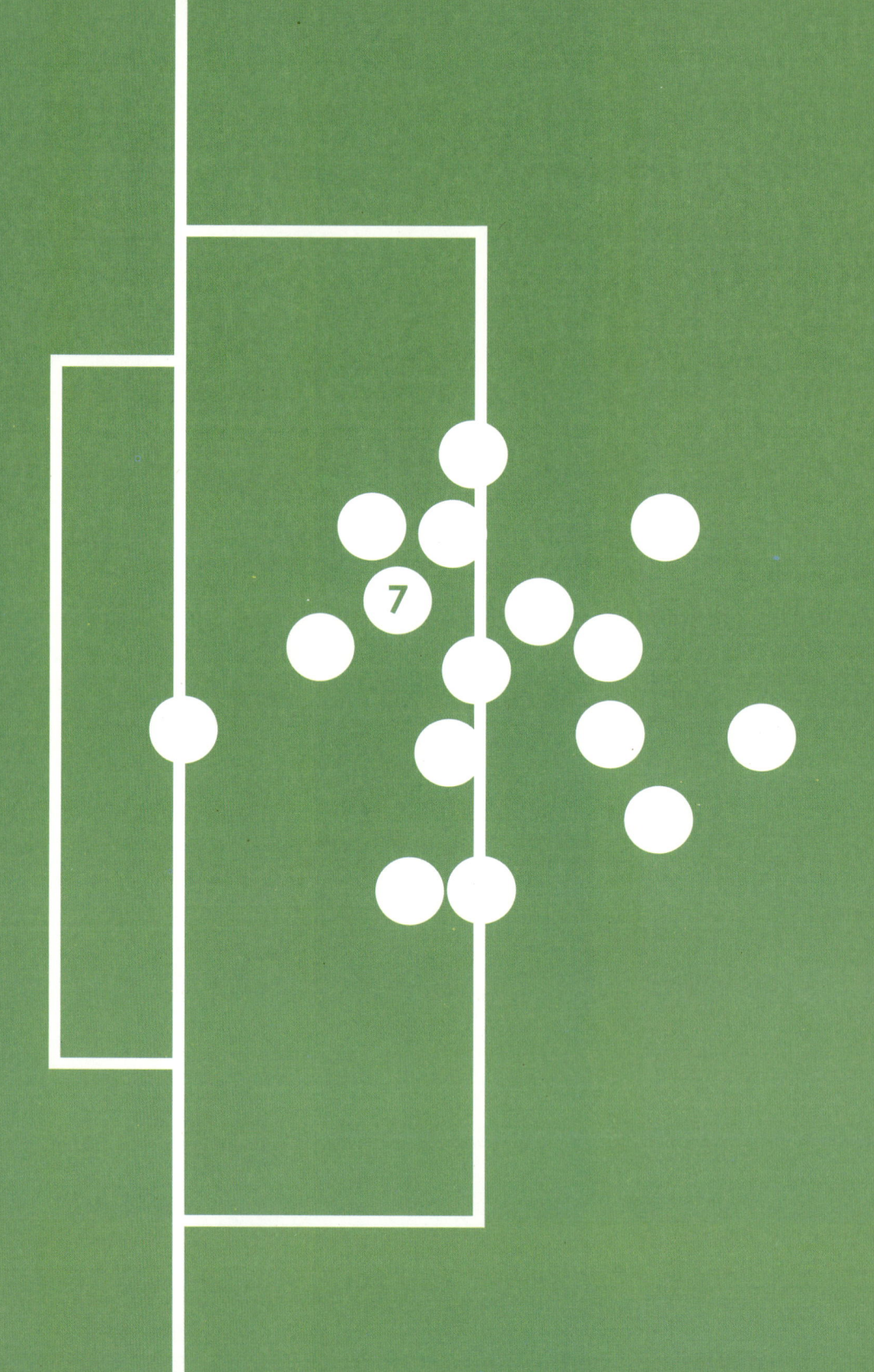

进球 7
德国 3：1 哥斯达黎加
右脚射门进球

克洛泽的进球让紧张的气氛得以稍许缓解。但在比赛中，他还是尽量让自己慢下来。在本场比赛中人们很少看见大胆的传球射门，皮球大多数时间都是在草坪上滚来滚去。

哥斯达黎加队把德国队的后防线搞得手忙脚乱。《时代周报》的编辑克里斯托夫·阿门德批评说："克林斯曼光顾着成功灌输攻势足球的理念了，以至于都忘

进球 7　德国 3∶1 哥斯达黎加

了一支成功的球队不仅要有优秀的进攻，还应有坚固的防守。"要是布赫瓦尔德和"钢铁"艾尔茨在就好了。

上半场比赛以2：1结束，下半场开始后场内的热情看起来略有下降。直到第61分钟，拉姆在禁区外左侧起脚，对方防守队员试图抬腿阻拦，但只是虚晃了一下，并未将球拦下，于是拉姆以一记高球传至球门前。克洛泽在球门区右角两米开外头球攻门，头球后他身体又向前移了几步。

对方守门员在右门柱处将球挡了出来,但他并没能拿住球。而这时就显示出了克洛泽头球后跟跟跄跄向前移动几步的重要性。克洛泽移动后,站在了点球区域内,而被挡出的球正好弹到他前面。此时,对方门将只能坐在地上眼睁睁地看着克洛泽起脚后转身离开。而当他回头望去时,球早已越过他飞入网内了。

比分变成了3:1。让我们为克洛泽的留守称赞!同

时这也显示了一名成功的前锋不仅要站位准确,而且在射门后还要进行正确的移动。

比赛并没有就此结束,虽然德国队在这之后多少有点儿得意,踢得也较放松,但在第73分钟万乔普的进球将比分改写成3∶2时,场内的气氛再次紧张了起来。直到第87分钟,弗林斯在接到施魏因斯泰格的助攻后一脚远射破门才将比分定格在了4∶2。

德国队和哥斯达黎加队的比赛,比分最终定格为4∶2,这是世界杯史上进球最多的揭幕战。而这其中,有1/3的进球来自克洛泽。虽然比赛中困难重重,但我们的球员听到的不是唏嘘声,而是一波接一波的歌唱声。

进球

德国 3∶1 哥斯达黎加

第61分钟

方式：右脚射门

助攻：拉姆

进球庆祝方式：底线外小跑，画十字，亲吻婚戒。

今天和我想象的差不多。

——寿星克洛泽赛后说道

比赛

德国 4∶2 哥斯达黎加

2006年世界杯第1场比赛

开球：2006年6月9日，18∶00

球场：慕尼黑安联球场

观众：66000

1∶0　拉姆（6'）

1∶1　万乔普（12'）

2∶1　克洛泽（17'）

3∶1　克洛泽（61'）

3∶2　万乔普（73'）

4∶2　弗林斯（87'）

破门机会　11∶3

角球　7∶3

德国队阵容

莱曼；弗里德里希，默特萨克，梅策尔德，拉姆；施奈德（90'+1奥东科尔），弗林斯，博洛夫斯基（72'凯尔），施魏因斯泰格；克洛泽（79'诺伊维尔），波多尔斯基

教练：克林斯曼

哥斯达黎加队阵容

波拉斯；乌马纳，塞奎拉，马林；马丁内斯（67'德鲁蒙德），索利斯（78'博拉诺斯），丰塞卡，冈萨雷斯；森特诺，戈麦斯（90'+1阿索菲法）；万乔普

教练：吉马良斯

裁判：埃利宗多（阿根廷）

黄牌：丰塞卡

如果热爱一样东西,比如足球,你要忍耐、忠诚,要执着、永不放弃,无论它给你带来的是欢乐或失望,名利或痛苦。我会一直在这里,即使世界忘记。

阅读笔记

进球 8
厄瓜多尔 0∶1 德国
右脚射门进球

"刚刚好"这个词是体育记者的又一最爱。它可以表述引人注目的偶然事件,预料之外的收获,令人惊喜的关联。总之可以用来形容所有意料之外的事情。

比如克洛泽,他在对哥斯达黎加队的比赛中表现出众,而在对自己的出生地波兰队时虽然踢得不算差,却也是表现平平。第21分钟,他的头球擦网而过;第75分钟,索博列夫斯基动作粗暴,累计两张黄牌被红牌罚下。克洛泽在球场上辛勤耕耘,不停跑动,传球,越看越觉得这是要进球的节奏。全场比赛德国队与波兰队破门机会12∶1,角球机会10∶4。

威斯特法伦球场上空及大屏幕前的紧张气氛让人难以承受。完成突破僵局的并不是克洛泽，而是克林斯曼一次明智的换人促成了进球。第63分钟，奥东科尔换下了弗里德里希，他在补时阶段个人带球越过右边锋直至底线，将球传给了诺伊维尔，比分定格为1∶0。最后一秒定胜负，这也算是足球史上最让人情绪起伏的比赛之一了。克洛泽能敏锐地把握时机，但这种终场进球倒不

进球8 厄瓜多尔0∶1德国

在他的16个世界杯进球之中。在之后对阿根廷队的比赛中，克洛泽有一个最后一分钟的进球。这我们之后会谈到。

1∶0战胜波兰队后，德国队以5粒进球，两粒失球，积6分的成绩确保小组出线晋级八强，波兰队和哥斯达黎加队相继输掉了前两场比赛，已无赶超的可能。但出人意料的是，目前占据小组头名的并非东道主德

国队，而是厄瓜多尔队。这可让克林斯曼的批判者有话说了。在德国队两个失球入账的情况下，厄瓜多尔队以5粒进球，0粒失球，积6分暂列第一位。在这种情况下，这场原本平淡的小组赛就显得意义非凡了，因为小组胜利远比面子工程重要。在八强中，A组的第一将对阵B组的第二，可以避开B组第一。而英格兰队极有可能在B组以第一名出线。

克洛泽在比赛开始前上了报纸头条，这也不算什么新鲜事。但这次不是因为进球，头条的内容是关于一场争吵。这种事在这位前锋的职业生涯中倒是非常罕见。不过事情也总是会越传越夸张。英国独立广播电台的评论员就在他的赛事报道中滔滔不绝地谈论着所谓克洛泽与波多尔斯基之间的不合。这两位波兰裔的前锋彼此间的交流通常都是用波兰语，而他们之间的默契配合还常被赞为佳话。

德国媒体在此事上更是添油加醋：作为"资深搭档"，克洛泽经常提醒波多尔斯基，他的任务不仅局限于进球，还应多关注跑位，因为这是进球的前提。克洛泽之后称这个是"积极的批评"。据说在开球之前，这场小争吵就解决掉了。况且，在球场上我们也没感觉到这给他带来了影响。

与第一个传言相比，第二个传言持续的时间更长一些。媒体认为，克洛泽只有在和弱队的比赛中才能进球。对阿尔巴尼亚队的比赛中，克洛泽踢进了自己在国家队的首粒进球；对沙特队踢进3个球；对爱尔兰队踢进1个；喀麦隆队1个；4年后对哥斯达黎加队踢进两个。每一粒都是金子般的进球。但就是这种克洛泽和弱队的观点让人觉得有点儿耻辱。这种"我肯定你，但是……"的句型让一幅近乎完美的画作蒙上了一层灰。

还好这种言论并没有让克洛泽动摇，他在对厄瓜多尔队的比赛中进球了。虽然和巴西队、阿根廷队相比，厄瓜多尔队还是算弱队。然而3分半钟之后，机会来了。

施奈德从左路外围长传20米至厄瓜多尔队禁区中心，默特萨克在球门区左角拿球顺势沿球门线传出，施魏因斯泰格闪电般出现在了禁区的另一侧，转身回传给克洛泽。克洛泽在球门区角落以一记十分规范的右脚射门，将球送入球门左角。

这是克洛泽2006年世界杯的第3粒进球，是他在世界杯上的第8粒。虽然是对阵"弱旅"，但他还是以一个完美落地的空翻来庆祝进球。也许他已经料到，好戏还在后头。

进球

厄瓜多尔 0：1 德国

第4分钟

方式：右脚射门

助攻：施魏因斯泰格

进球庆祝方式：跑出禁区，空翻完美落地，腰间握拳振臂。

"小兔子"拉姆、"大角鹿"巴拉克、"野猪"施魏因斯泰格和"美洲狮"克洛泽。

——《瑞典日报》

比赛

厄瓜多尔 0：3 德国

2006年世界杯第3场比赛

开球：2006年6月20日，16：00

球场：柏林奥林匹克体育场

观众：72000

0：1 克洛泽（4'）

0：2 克洛泽（44'）

0∶3　波多尔斯基（57'）

破门机会　3∶8

角球　5∶2

厄瓜多尔队阵容

莫拉；德拉克鲁斯，瓜瓜，埃斯皮诺萨，安布罗西；门德斯，阿约维，E.特诺里奥，巴伦西亚；博尔加（46'贝尼特斯），卡维德斯

教练：苏亚雷斯

德国队阵容

莱曼；弗里德里希，默特萨克，胡特，拉姆；施奈德（73'阿萨莫阿），弗林斯，巴拉克，施魏因斯泰格（66'博洛夫斯基）；克洛泽（66'诺伊维尔），波多尔斯基

教练：克林斯曼

裁判：伊万诺夫（俄罗斯）

黄牌：巴伦西亚；博洛夫斯基

如果热爱一样东西，比如足球，你要忍耐、忠诚，要执着、永不放弃，无论它给你带来的是欢乐或失望，名利或痛苦。我会一直在这里，即使世界忘记。

阅读笔记

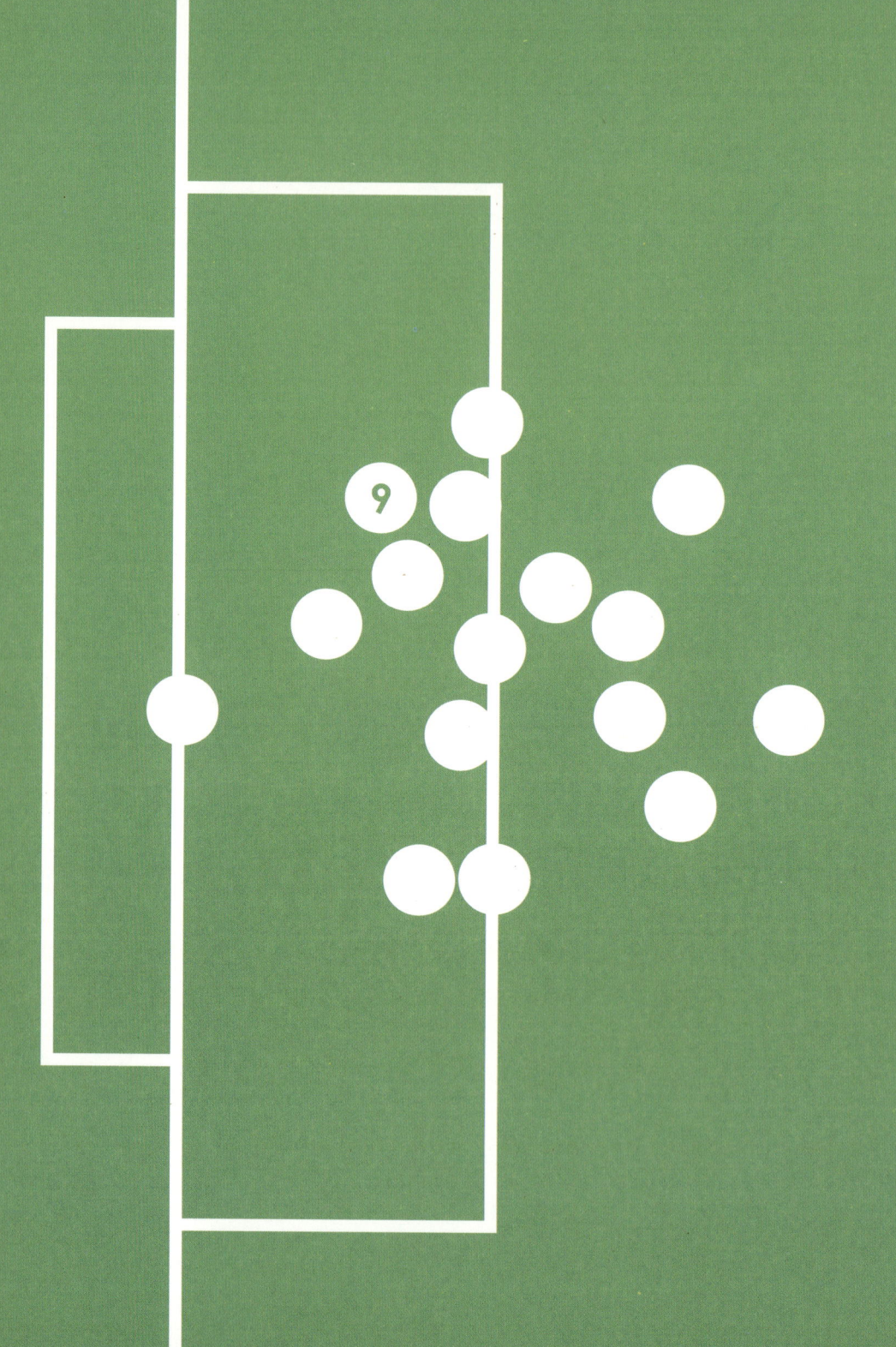

进球 9
厄瓜多尔 0 : 2 德国
右脚射门进球

最棒的射门不仅要靠临门一脚，之前的准备也是必不可少的，技术、时机和位置要完美地结合在一起。经历过进球这个时刻的人都知道，一点点偏差都会导致不同的结果。正因为这样，每个进球的瞬间才会变得独一无二。镜头下的慢动作可以一遍遍重复，但进球的瞬间不可重来。

这就像6月20日在柏林奥林匹克体育场的这场比赛一样，比赛进行到42分55秒时，施魏因斯泰格在距中圈5米处传球给在他前面的巴拉克。巴拉克拿球，有3名对方球员挡在他面前，而克洛泽就站在这3名球员中间，位置离球门不远，但并不构成越位。巴拉克停球片刻，向前移了4小步，将球挑射。球越过离他最近的那名球员，直向开始跑动的克洛泽飞去。克洛泽凭借其爆发力冲入禁区，现在在他面前的只剩下急匆匆跑出来的守门员了。

球弹了起来，这时一名厄瓜多尔球员试图从后面阻止克洛泽，但克洛泽用左腿护住球，轻快地闪过了守门员，继续带球向前，他在空门前3米处抬右脚射门，球进了。

厄瓜多尔门将惊讶地跪在禁区，眼睁睁地看着球入网。克洛泽张开双臂跑到底线，胸前画十字并亲吻婚戒后又和其他队员击掌庆祝。

克林斯曼和他的助理教练勒夫倒没有激烈的庆祝，只是在短短几秒内相互搂着拍了拍彼此黑色的马球衫。

最终德国队2∶0领先。而从施魏因斯泰格传球到克洛泽进球只用了8秒钟。

第3粒进球是典型的反击配合,由施奈德和波多尔斯基完成。评论员贝克曼兴奋地说道:"这真是精彩

绝伦的比赛!"克洛泽也为这粒进球做出了贡献,在激烈的拼抢下,克洛泽很聪明地从胡特的腿间传球给施魏因斯泰格,由此拉开了反攻的序幕,此时是第57分钟。这次反攻用了11秒。

就这样,德国队凭借8粒进球,两粒失球,积9分位列小组首位,厄瓜多尔队位列第二。终场哨响时,贝克曼用精练的语言总结了这场比赛:比赛虽已结束,但过程令人难忘。

进球

厄瓜多尔 0：2 德国

第44分钟

方式：右脚射门

助攻：巴拉克

进球庆祝方式：底线外张开双臂，伸出食指小跑，画十字并亲吻婚戒。

懂我的人都知道我还没有达到目标，这届世界杯上我要做的事情还很多。

——克洛泽在对厄瓜多尔队的比赛后说道

比赛

厄瓜多尔 0：3 德国

2006年世界杯第3场比赛

开球：2006年6月20日，16:00

球场：柏林奥林匹克体育场

观众：72000

0：1　克洛泽（4'）

0：2　克洛泽（44'）

0∶3　波多尔斯基（57'）

破门机会　3∶8
角球　5∶2

厄瓜多尔队阵容

莫拉；德拉克鲁斯，瓜瓜，埃斯皮诺萨，安布罗西；门德斯，阿约维，E.特诺里奥，巴伦西亚；博尔加（46'贝尼特斯），卡维德斯

教练：苏亚雷斯

德国队阵容

莱曼；弗里德里希，默特萨克，胡特，拉姆；施奈德（73'阿萨莫阿），弗林斯，巴拉克，施魏因斯泰格（66'博洛夫斯基）；克洛泽（66'诺伊维尔），波多尔斯基

教练：克林斯曼

裁判：伊万诺夫（俄罗斯）
黄牌：巴伦西亚；博洛夫斯基

如果热爱一样东西，比如足球，你要忍耐、忠诚，要执着、永不放弃，无论它给你带来的是欢乐或失望，名利或痛苦。我会一直在这里，即使世界忘记。

阅读笔记

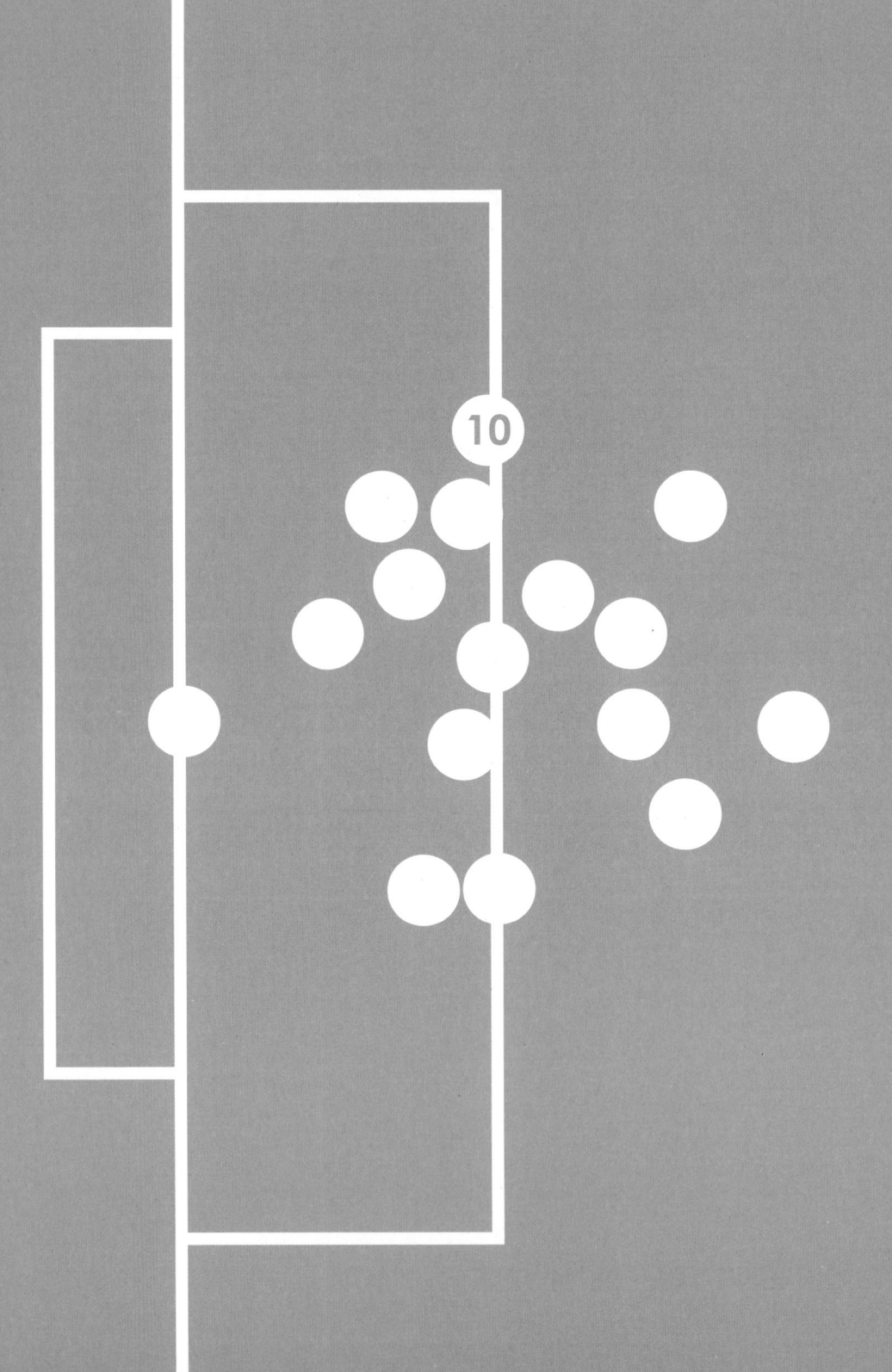

进球 10
德国 1：1 阿根廷
头球

在2006年世界杯的1/8和1/4决赛中，克洛泽发挥极佳，这应该算是他在国家队踢得最好的两场比赛。先是对阵瑞典队，之后对阵阿根廷队。这两场比赛相辅相成地诠释了足球的艺术。足球是舞蹈，是对抗；它承载着兴奋与考量，轻松和顽强。

克洛泽并没有在1/8对阵瑞典队的比赛中进球。但之后业界人士一致认为克洛泽是本场比赛的核心。他攻守兼备，在全场不停地跑动，准备随时就位。

克洛泽在比赛开始4分钟时差点儿破门,瑞典门将伊萨克森出击将球扑出。波多尔斯基及时跟上,抬脚射门。球划过已冲出来的守门员,直入球门中心。

这个小高潮瞬间传遍了千里之外,通过公共观看区的大小屏幕,人们能透过成千上万个安装在饭店、咖啡厅、酒吧、家庭派对、露台和客厅墙上的电视感受比赛现场的这股冲击波。

在这些电视中,纯平电视占了大多数。那一年,纯平电视销量远超传统的射线管彩电,但这也算是"夏天童话"的另一种体现。电子市场为此欢欣雀跃。

8分钟后,克洛泽、波多尔斯基联手再下一城。对方3名球员挡住克洛泽,从而留给波多尔斯基极大的自由空间。他左脚15米开外射门,球直入球门左角,比分定格为2∶0。胜败已无悬念。

德国队下一个对手是阿根廷队。大家都觉得阿根廷队不好惹,要严肃对待。虽然主教练佩克尔曼将19岁的天才梅西留在了替补席上,但他的锋线上还有克雷斯波、里克尔梅和特维斯三名足以构成威胁的前锋。更令人称赞的是,他还拥有由索林和马斯切拉诺组成的极强的后防线。2002年世界杯阿根廷队小组出局让他的球员和球迷在4年后仍心有余悸。因此,战胜德国队进入半决赛就显得尤为重要。这支德国队是一支在激励艺术家克林斯曼率领下的11人球队。他们不苟言笑,但总会带来惊喜。

克林斯曼认为,如果1/4决赛出局,那么对于德国国家队来说将会

是一个灾难。他在《时代周报》的采访中说:"大家都知道,为了德国足球的崛起,我们只能这样做,没有别的选择。但如果我们输了同阿根廷队的比赛,那质疑声就会再起。于是人们又会问,难道我们不应该先加强防守,再等着反击吗?"

这是两支强队,进失球比例分别为13:1和10:2。这是一场东道主的狂热与激情足球之国的受损颜面之间的

较量。这是一场紧张强硬的比赛，其中尽是拼抢厮杀。

上半场比赛以0：0结束，但下半场开始4分钟后发生的一切让全场震惊。里克尔梅开出角球，球飞到球门区边线上空。阿根廷球员阿亚拉高高跃起，在德国队员中间的空当处头球破门，1：0。足球杂志《踢球者》则批评克洛泽本场的表现无法让人满意。

现场气氛让人难以承受。德国队疯狂地向阿根廷队后防线发起进攻。佩克尔曼深知自己球队的优势所在，他在第72分钟和79分钟分别换下了他最得意的前锋里克尔梅和克雷斯波，显然是让他们休息，为半决赛做准备。

就在换人过后的几秒钟，德国队有了一次更加接近对方禁区的机会。巴拉克发界外球给拉姆，拉姆回传给巴拉克。此时，巴拉克在左路禁区角处将球挑射进禁区。博洛夫斯基跳起头球摆渡，球飞到了克洛泽那里——那个所谓只有和弱队的比赛中才能进球的人。

克洛泽在离球门7米处头球攻门，没有给对方门将留任何机会。柏林奥林匹克球场立刻沸腾了，克洛泽也仰天长啸。因为这是目前为止克洛泽国家队生涯中最重要的进球。

这场比赛中，两队还踢了加时赛和点球决战。这是一场攻心战，莱曼拿到了神秘小纸条，而克洛泽则在第86分钟被诺伊维尔替换下场。舆论的浪潮也十分高涨，大家认为德国队拿下半决赛应该没问题。

在对意大利队的比赛中，克洛泽险些破门。而克林斯曼则在加时赛中用诺伊维尔换下了克洛泽，就在大家都觉得又要点球大战时，比分瞬间变成了1∶0，之后又变成了2∶0。意大利队赢了，德国队的决赛梦就此终结。

在最后赢了葡萄牙队拿到第三名后，克林斯曼团队和他的球员们还是受到了世界杯冠军般的庆祝待遇。克洛泽以5粒进球的成绩获得了本届世界杯的金靴奖，而他也将自己的世界杯总进球数提高到了10个，但这并不是终点。

进球

德国 1：1 阿根廷

第80分钟

方式：头球

助攻：博洛夫斯基

进球庆祝方式：跑出禁区，胸前画十字，双手送出自己的吻，挥舞右拳，高高跳起。伸出食指，仰天长啸。

这是一场魅力无边的比赛。我现在完全上气不接下气，几乎没办法说话，因为我们庆祝得太狂热了。

——1/4决赛后克洛泽说道

比赛

德国 5：3 阿根廷 （点球4：2）

2006年世界杯1/4决赛

开球：2006年6月30日，17:00

球场：柏林奥林匹克球场

观众：72000

0：1 阿亚拉（49'）

1：1 克洛泽（80'）

点球决战

1∶0　诺伊维尔（罚中）

1∶1　克鲁斯（罚中）

2∶1　巴拉克（罚中）

2∶1　莱曼扑出了阿亚拉的点球

3∶1　波多尔斯基（罚中）

3∶2　罗德里格斯（罚中）

4∶2　博洛夫斯基（罚中）

4∶2　莱曼扑出了坎比亚索的点球

破门机会　3∶3

角球　4∶6

德国队阵容

莱曼；弗里德里希，默特萨克，梅策尔德，拉姆；施奈德（62'奥东科尔），弗林斯，巴拉克，施魏因斯泰格（74'博洛夫斯基）；克洛泽（86'诺伊维尔），波多尔斯基

教练：克林斯曼

阿根廷队阵容

阿邦丹切利（71'弗朗哥）；科洛奇尼，阿亚拉，海因策，索林；罗德里格斯，马斯切拉诺，冈萨雷斯；里克尔梅

（72'坎比亚索），特维斯，克雷斯波（79'克鲁斯）

教练：佩克尔曼

裁判：米歇尔（斯洛伐克）

黄牌：弗里德里希，波多尔斯基，奥东科尔；克鲁斯，索林，马斯切拉诺，罗德里格斯

红牌：库弗雷（120'，动手打人）

如果热爱一样东西,比如足球,你要忍耐、忠诚,要执着、永不放弃,无论它给你带来的是欢乐或失望,名利或痛苦。我会一直在这里,即使世界忘记。

阅读笔记

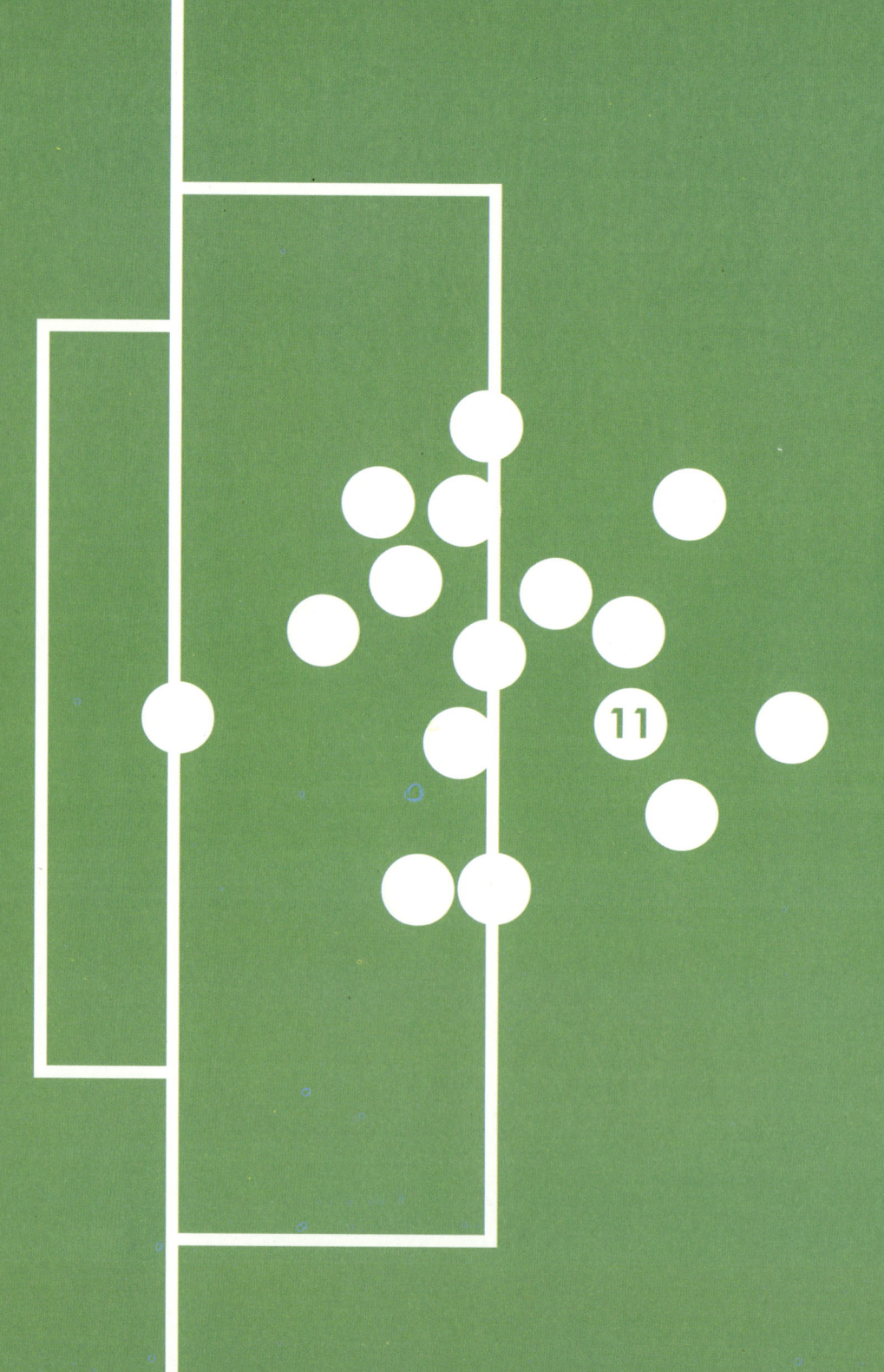

进球 11
德国 2 : 0 澳大利亚
头球

在争头球跳起的那一刻，人看起来就像失重了一样，为了长时间在空中停留，必须尽量对抗地心引力的影响。年轻的克洛泽就是这样做准备的，早在他知道自己的目标之前，比起其他的进球方式，他更多地练习了头球。他屈膝跳跃，不断重复，不知疲倦。

从谷底重回顶峰，这就是克洛泽和2010年世界杯。在国家队前往南非之前，作为国家队前锋，克洛泽受到了空前的质疑。2009—2010赛季中，克洛泽在拜仁的表现远远不能令人满意。在前锋出场统计中，克洛泽排在穆勒、戈麦斯和奥利奇之后，仅列第4位，而在球队的进球榜中则排第7位。

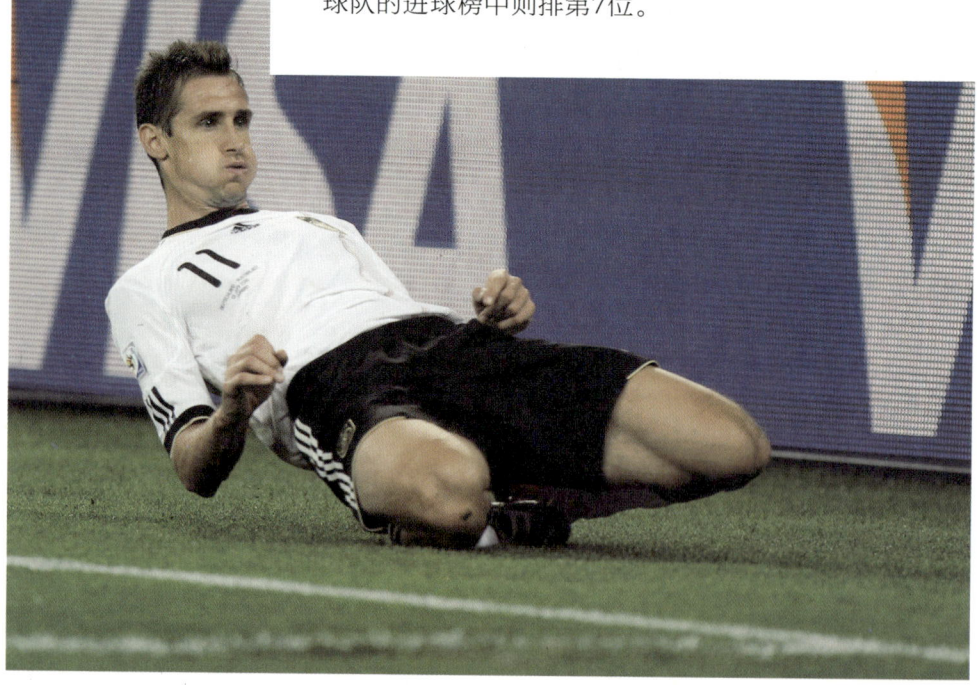

他出场25次，只有3粒进球和1次助攻，在他的职业生涯中，克洛泽还没有这么前途未卜过。《南德意志报》曾评论道："直到比赛前奏国歌环节，还有很多人表示对看到克洛泽还站在赛场上感到惊讶。"在赛前看到克洛泽时，感觉他的心理上受到了打击，他有时从球场上默默走过，但看起来有点儿忧郁。

《柏林每日镜报》的表述更偏重于精神分析。虽然教练勒夫和球队经理比埃尔霍夫给予了克洛泽充分的信任和赞扬，但克洛泽还是会听到其他的声音，而这是从他内心发出的声音。没人能理解他的心声。他在试图找回自我。

2010年无疑是多灾多难的一年，坏消息遍布到人们的现实生活中。1月海地强震；3月冰岛火山喷发，火山灰弥漫在整个欧洲上空。而1个月之后，墨西哥湾深水地平线公司海上钻井平台爆炸，造成了美国历史上最严重的漏油事件。在这种情况下，夏季世界杯依然霸占了各大报纸的头条，成为主角。

2010年6月13日，德国队小组首场比赛在德班大球场举行，全场球票售罄。赛场上空回荡着呜呜塞拉发出的嗡嗡声，呜呜塞拉是本届世界杯上南非球迷用来助威的大喇叭。当怀旧的人回想起20世纪80年代响彻德国体育场内的空气喇叭时，声效唯美主义者则把这些强弱变换的噪声看作是气氛杀手。

西班牙球员阿隆索就觉得这个声音让自己不能集中注意力。足坛老将内策尔则认为，在这个球场小空间里，每分每秒都在上演着悲情和喜悦，十分戏剧化。他和体育记者德凌都笑着认为："虽然世界杯在这个呜呜塞拉的故乡南非举行，但一切还是原来的样子，并没有什么变化。"

还好克洛泽并没有受到太大影响。他第三次站在世界杯赛场上是在自己32岁生日后不久，而且不久之后，他还贡献了进球。

比赛开始4分钟，澳大利亚队有一次绝佳的机会。诺伊尔门前倒地，还好拉姆关键时刻挺身而出，将球挡了出去。但不到180秒，形势开始反转。克洛泽禁区外远射没进，厄齐尔补射，可惜射高了。

这之后机会又来了，克洛泽也参与了组织进攻。这是一次聪明的"不干预"配合。厄齐尔传球给球门区附近的穆勒，穆勒斜传回去。克洛泽可以触球射门，但他让球继续向前滚到位置更佳的波多尔斯基脚下，波多尔斯基在距离球门12米处大力抽射。第8分钟，比分变为1∶0。如果球网因此而被撕裂，估计也没人为此感到惊讶。

克洛泽之后的第二次射门也失败了，球擦网而过。比赛进行到第26分钟，队长拉姆接到穆勒掷出的界外球后右路长传，球直入禁区。

　　克洛泽毫不犹豫地冲着球奔去，大概在刚过罚球点的位置，只见他一跃而起，全力将球顶入球门内。这一跳一顶感觉他是用尽了全身的力气，释放了一个失败赛季积攒的所有沮丧。澳大利亚门将舒瓦泽跳起扑球无果，只能无奈地在草坪上打了个滚。

　　克洛泽双膝跪地在草坪上滑行，做出"家庭庆祝"的手势。三根手指代表他的妻子和孩子，食指和拇指扣

进球 11　德国 2∶0 澳大利亚

成一个环代表一家人在一起。

最后比赛以4∶0结束。穆勒和世界杯新人卡考分别射入第3和第4粒球。失败赛季带来的魔咒被打破,这是克洛泽个人的第11粒世界杯进球。《南德意志报》评论道:"对澳大利亚队的这粒进球标志着克洛泽在德国国家队的重生。"

进球

德国 2∶0 澳大利亚

第26分钟

方式：头球

助攻：拉姆

进球庆祝方式：底线外奔跑，双膝跪地滑行，坐着摆出"家庭庆祝"手势，拇指和食指形成圆环，另外三根手指伸直。

2002年世界杯首场比赛时我独中三元，2006年进两个球，现在对澳大利亚队我只贡献了一粒进球。这样下去的话，我2014年的时候就碰不到球了。

——克洛泽对自己历届世界杯首场比赛的评论

比赛

德国 4∶0 澳大利亚

2010年世界杯第1场比赛

开球：2010年6月13日，20:30

球场：德班大球场

观众：62660

1∶0　波多尔斯基（8'）

2∶0　克洛泽（26'）

3∶0　穆勒（68'）

4∶0　卡考（70'）

破门机会　11∶2

角球　4∶7

德国队阵容

诺伊尔；拉姆，默特萨克，弗里德里希，巴德施图伯；施魏因斯泰格，赫迪拉，穆勒，厄齐尔（74'戈麦斯），波多尔斯基（81'马林）；克洛泽（68'卡考）

教练：勒夫

澳大利亚队阵容

舒瓦泽；维克谢尔，尼尔，摩尔，齐佩菲尔德；瓦勒里，格雷拉（46'霍尔曼）；埃默顿（74'杰迪纳克），卡希尔，库里纳；加西亚（64'卢卡维奇亚）

教练：维尔贝克

裁判：罗德里奎斯（墨西哥）

黄牌：厄齐尔，卡考；摩尔，尼尔，瓦勒里

红牌：卡希尔，因为比赛动作粗鲁而犯规（56'）

如果热爱一样东西，比如足球，你要忍耐、忠诚，要执着、永不放弃，无论它给你带来的是欢乐或失望，名利或痛苦。我会一直在这里，即使世界忘记。

阅读笔记

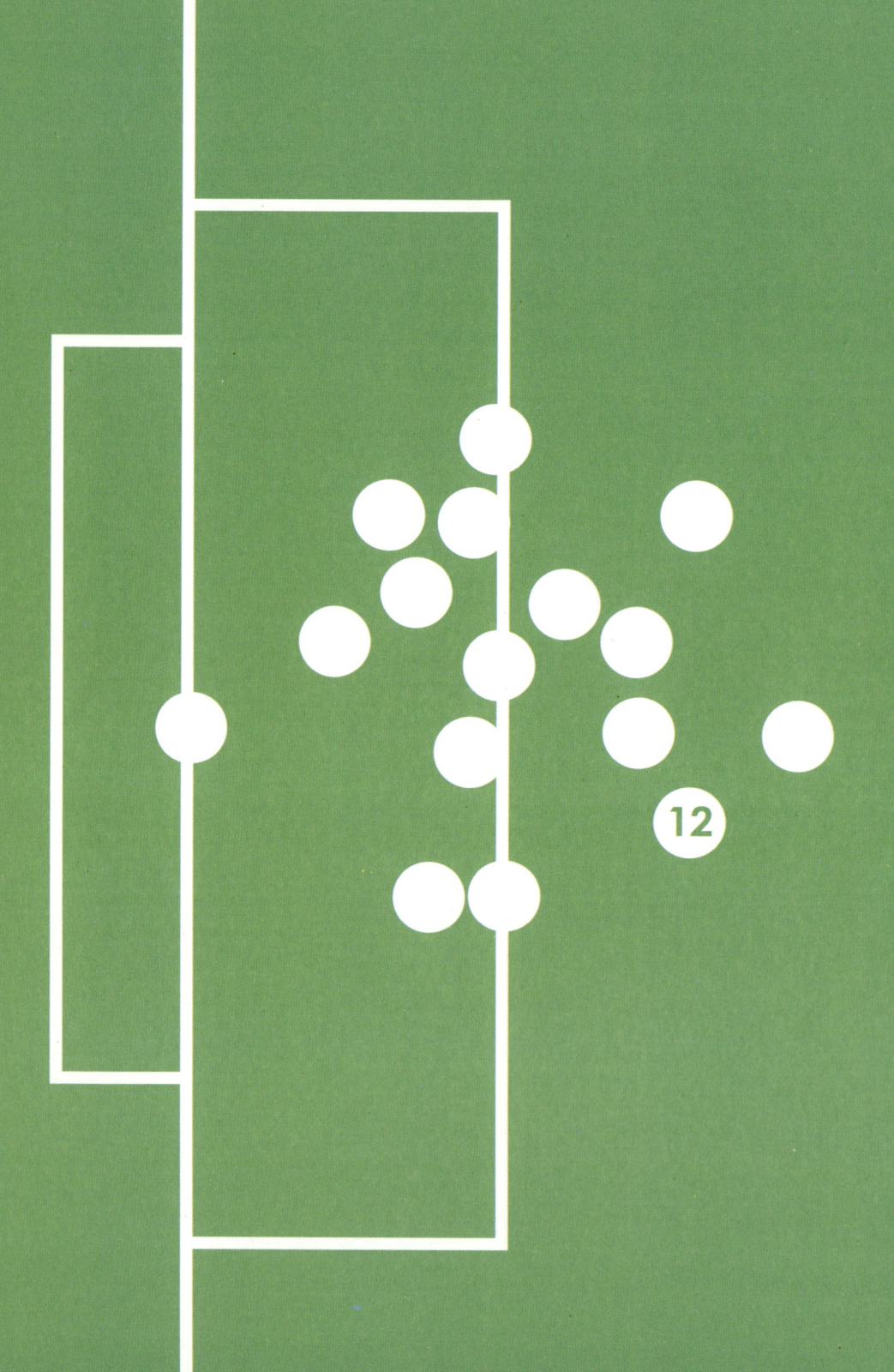

进球 12
德国 1∶0 英格兰
右脚射门进球

在对澳大利亚队的比赛之后,克洛泽的"重生"让人们觉得又可以指望他进球了。

但现实却又向刚燃起的希望之火泼了一盆冷水。在对塞尔维亚队的比赛中,克洛泽不但没有进球,还受到了他国家队职业生涯中第一次也是唯一一次的判罚下

场。裁判安迪亚诺对克洛泽中场线附近一次相对无害的犯规出示了黄牌，而此时克洛泽本场已累计了两张黄牌，因此他必须下场。而德国队也以0：1输掉了比赛。事后，批评者们都认为裁判小题大做。而克洛泽也因此无缘参加第三场对加纳队的小组赛（1：0）。

1/8决赛对阵英格兰队，一切又都恢复了正常。除了克洛泽重新上场之外，对新式足球的负面评论也随之而来。在那个年代，技战术标配是球从后场直接长传至对方禁区，因此要求后方提供有力的保障，前方就得靠运气了。

新式足球提倡短平快。这种踢法要求球员踢得更快,而且不能停。在绿茵场上,小球滚动得就像网络数据包的传输一样——不一定非得多重要,但定位却在不断精准化。现代的低平传球没有等待的时间,更没有犹豫的时间,而拔得头筹也并非那么必要。

传球,还是传球:快速的连续传球保证了应变空间。每一次传球都是一个决定和矫正上次传球的机会。传球可以改变主攻方向,也可以修正目标。这是在用集体智慧来塑造每一场比赛。

比起短平快的传球方式,长传则意味着定性。球在

空中是很难受到其他因素影响的，而场上的球员则需待在原地，准备好随时接球。为了接到球，他们需要相互冲撞推挤。

以前，人们称之为长传冲吊战术。这种战术在足球之乡得以发展壮大。在快速短传配合占据现代足球比赛时，再对长传冲吊给予厚望就显得十分幼稚。而看来前场只能靠运气，或者靠克洛泽。

诺伊尔真的能准确定位离他遥远的出现在对方半场的11号前锋克洛泽吗？他能精准地计算他的动作吗？他之前想过这球能进吗？他是歪打正着还是胜算于心？不管怎样，结果都让人难以忘怀。

19分钟32秒过去了，诺伊尔站在球门右侧准备开球。他站在底线小跑至禁区右角，使尽全力将球踢出并看着球飞向远方。

在半场的中间位置，几个英格兰队队员已经根据球可能的落点开始移动。在这群人中有4名英格兰球员和2名德国球员，阵型看上去是2-1-2-1。克洛泽也在其中。

球在克洛泽附近落地并迅速弹起。距离球门还有25米处时，门将詹姆斯已在罚球点做好扑救准备。

这时，刚才的阵型瓦解了。有两个人对球紧追不舍，一个是厄普森，另一个则是克洛泽。克洛泽在前奔跑，厄普森从后方逼抢。这时克洛泽予以抵抗，右臂一动，将厄普森甩在身后，球就在眼前，他整个人看起来势不可当。

当球再次弹起的时候，克洛泽已经将对方球员甩在身后，现在只剩下球和克洛泽了。

和厄普森的拼抢让克洛泽重心不稳，他努力保持身体平衡，跌跌撞撞地大步向球跑去。因为他深知自己必须碰到球，如果他不拿到球，那英格兰门将就要将球挡出来了。

足球再次落地，克洛泽尽力向前伸出了右腿。他将球踢出去时，自己身体后倒并向刚才上前扑救而倒地的英格兰门将的方向滑了过去，于是他们就这样坐在地上目睹了球滑进球门的全过程。

德国队1∶0领先。这个进球是对长传冲吊的有力辩护。虽然克洛泽在诺伊尔开球的时候处于越位位置，但在足球场中有3种情况不存在越位：界外球、角球和球门球。

而这个绝佳进球在本场比赛中只是个开始。之后在穆勒和克洛泽配合下，波多尔斯基射中第2粒进球。厄普森将比分改写为2∶1。兰帕德用温布利方式扳平了比分，但裁判判进球无效。按照之后的画面回放显示，球确实是越过了球门线。

3∶1，穆勒进球；4∶1，还是穆勒立功。第70分钟时，一切已成定局。第72分钟，勒夫用戈麦斯换下了克洛泽。终场哨响时，克洛泽肯定还是有些别样的感受。因为这是他的第50粒国际比赛进球，也是他的世界杯第12粒进球。

从数据来看，克洛泽的世界杯进球数已经追上了贝利。他的名字出现在巨星之中。他领先克林斯曼1球；落后方丹1球；落后盖德·穆勒2球；和罗纳尔多还有3球的差距。

进球

德国 1：0 英格兰

第20分钟

方式：右脚射门进球

助攻：诺伊尔

进球庆祝方式：跳向球门线，双膝跪地滑行，摆出"家庭庆祝"手势，握紧了胜利的拳头。

我一直认为我们是优秀的球队，我们能攻能守。至今我都为此感到自豪。我的进球偶然性很大，对于接长传，我做得还不错。

——克洛泽在4：1战胜英格兰队后说道

比赛

德国 4：1 英格兰

2010年世界杯1/8决赛

开球：2010年6月27日，16：00

球场：布隆冯丹自由州球场

观众：40510

1∶0　克洛泽（20'）

2∶0　波多尔斯基（32'）

2∶1　厄普森（37'）

3∶1　穆勒（67'）

4∶1　穆勒（70'）

破门机会　8∶5

角球　4∶6

德国队阵容

诺伊尔；拉姆，默特萨克，弗里德里希，博阿滕；赫迪拉，施魏因斯泰格；穆勒（72'特罗霍夫斯基），厄齐尔（83'基斯林），波多尔斯基；克洛泽（72'戈麦斯）

教练：勒夫

英格兰队阵容

詹姆斯；约翰逊（87'赖特-菲利普斯），厄普森，特

里，阿什利·科尔；米尔纳（64'乔·科尔），兰帕德，巴里，杰拉德；迪福（71'赫斯基），鲁尼

教练：卡佩罗

裁判：拉里昂达（乌拉圭）

黄牌：弗里德里希；约翰逊

如果热爱一样东西，比如足球，你要忍耐、忠诚，要执着、永不放弃，无论它给你带来的是欢乐或失望，名利或痛苦。我会一直在这里，即使世界忘记。

阅 读 笔 记

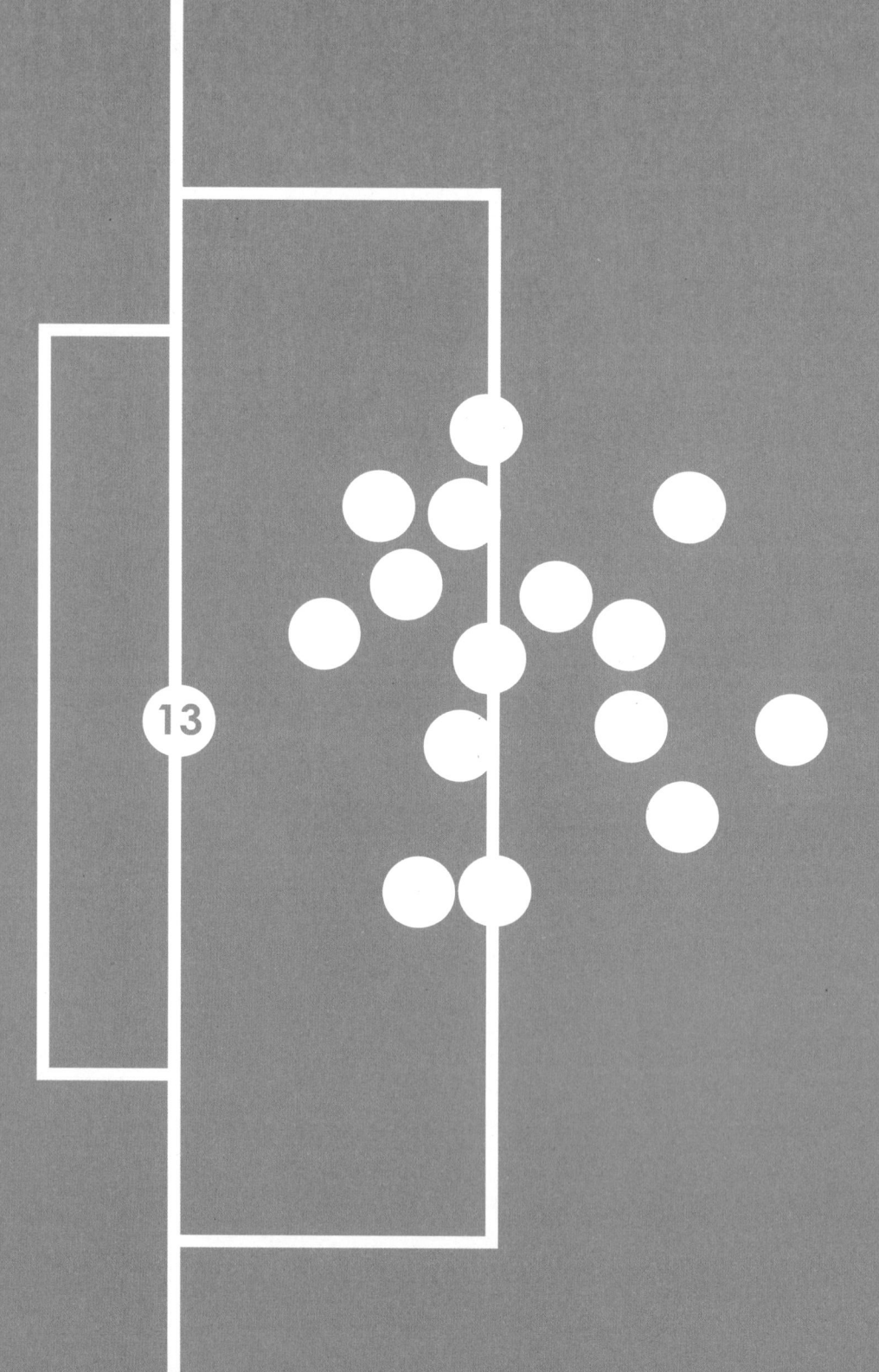

进球 13
阿根廷 0∶2 德国
右脚射门进球

　　德国队在和英格兰队交手之后迎来了阿根廷队,在比赛的戏剧舞台上,老牌球队轮番登场。4年前,克洛泽凭借自己的进球将阿根廷队拖入了加时赛,而这场加时赛之后则是著名的点球大战和臭名昭著的斗殴事件。每当人们回忆起这场比赛的时候,德国人想到的是莱曼和他的小纸条,但阿根廷人则期待着复仇的那一天。

　　主帅马拉多纳,前锋梅西。看样子阿根廷人要全力以赴书写自己的传奇。虽然德国队在1/8决赛中4∶1大胜英格兰队,但评论还是一致认为和阿根廷队的比赛将是一场扣人心弦的较量,是一次阿根廷队对2006年的复仇之战,是一场残酷的屠杀,总之性格脆弱者最好别看。但从德国队这边来看,这场比赛踢得顺风顺水,让人乐在其中,并非之前想象的那样如地狱般煎熬。

比赛开始两分半钟,勒夫率领的德国队就1∶0领先了。施魏因斯泰格主罚任意球,穆勒头球破门,而足球有时候就是这么简单。但谁能想到在此次比赛中,面对两次世界杯冠军得主阿根廷队,德国队能这么轻而易举

地进球呢?就连德国总理默克尔都从球场内的椅子上站起来,兴奋地鼓起掌来。

先是任意球,然后破门,这算是足球场上的标配了。然而,这个1∶0和它之后取得的成绩可就远超我们的想象了。这支年轻的德国球队在开普敦球场奉献了一场最棒的比赛,而这其中一半的进球都是克洛泽贡献的。

一如既往,前场禁区是克洛泽的舞台。其实都不用整个禁区,单球门区和其前面差不多大小的一块面积就足以涵盖克洛泽所有世界杯进球起脚射门的位置了。英格兰人称他是"箱中的狐狸"。他拥有敏锐的直觉,能在最紧急的时刻从人群中脱颖而出并到达正确的位置。克洛泽超乎常人的足球天赋令人惊讶，所有人都目睹了他的天赋，却没有人能理解这天赋来自何处。

就连备受质疑的马拉多纳也不明就里。3月份，马拉多纳在德国队对阿根廷队的友谊赛后的记者会的离场让所有人感到气愤，因为当时坐在他旁边的是不知名的穆勒。他认为把如此"小咖"安排在他身边坐着是对他本人的不尊重。也许当时要是让克洛泽坐在他边上应该会让他觉得有面子吧。

或许当时马拉多纳还不知道接下来会发生什么。比赛第24分钟，克洛泽接穆勒传球在门前11米处起脚射门，球擦网而过。这是对阿根廷队的一次警告。而比分仍然是1：0。后来阿根廷的后卫曾一度差点儿将比分改写为1：1。67分钟后，场上的形势从根本上发生了变化——这是典型的克洛泽式的门前表现。

穆勒在比赛中摔倒了，但他控制住了差点儿要丢的球，并将球传给了波多尔斯基。波多尔斯基快速带球进入禁区，"波尔蒂王子"看到他的锋线搭档已身处中央。两人并排向门前跑去，而他们中间只有一名对方防守球员。在波多尔斯基带球到达球门区时，他起脚将球传给克洛泽，球接连划过防守球员和冲出来扑救的守门员。

克洛泽的站位十分精妙,以至于他不用费力,只需用右脚稍稍将球送进球门就行。球一直往前面的大空门滚去,这也印证了像克洛泽这样的前锋是个不折不扣的传接球射手。

这个进球引发了接下来"还会发生什么"的问题。就像儿童节目《芝麻街》中的推敲机制,通过这个机制,里面的那只青蛙向它幼小的观众们有效地解释了所谓的因果关系。在机器中,通过平衡杆、阀门和不同部件间的相互触动配合,最终打开了收音机。

这和德国队现在2∶0领先阿根廷队的情形一样。因果联系还在不断交替上演。除了克洛泽外,没人能看清这场比赛最终的走向。赞扬克洛泽是肯定的,只是还要再等等,因此还不能放松警惕。

他追赶着球,在球门线处又轻轻地踢了两下。看来他认为让球这么轻松滚进去并不能显示出他的真本事,或者他就是想多享受一下这个射门的瞬间。

进球

阿根廷 0 : 2 德国

第67分钟

方式：右脚射门进球

助攻：波多尔斯基

进球庆祝方式：小跑至底线，双膝跪地滑行，"家庭庆祝"手势。

赞美克洛泽。德国完美的计划彻底摧毁了马拉多纳的梦。

——英国《星期日独立报》

比赛

阿根廷 0 : 4 德国

2010年世界杯1/4决赛

开球：2010年7月3日，16:00

球场：开普敦球场

观众：64100

0 : 1　穆勒（3'）

0 : 2　克洛泽（67'）

0 : 3　弗里德里希（74'）

0∶4 克洛泽（88'）

破门机会 3∶7
角球 5∶4

阿根廷队阵容

罗梅罗；奥塔门迪（70'帕斯托雷），德米凯利斯，布尔迪索，海因策；马克西·罗德里格斯，马斯切拉诺，迪玛利亚（75'阿圭罗）；梅西，特维斯，伊瓜因

教练：马拉多纳

德国队阵容

诺伊尔；拉姆，默特萨克，弗里德里希，博阿滕（72'扬森）；赫迪拉（77'克罗斯），施魏因斯泰格；穆勒（84'特罗霍夫斯基），厄齐尔，波多尔斯基；克洛泽

教练：勒夫

裁判：伊尔马托夫（乌兹别克斯坦）
黄牌：奥塔门迪，马斯切拉诺；穆勒

如果热爱一样东西，比如足球，你要忍耐、忠诚，要执着、永不放弃，无论它给你带来的是欢乐或失望，名利或痛苦。我会一直在这里，即使世界忘记。

阅读笔记

进球 14
阿根廷 0∶4 德国
右脚射门

　　这个"接下来还会发生什么"的无情逻辑不仅写进了克洛泽将比分改写成2∶0的剧本中，还贯穿于整个1/4决赛的最后20分钟。于是阿根廷队方寸大乱，而德国队乘胜反击。

　　第74分钟，德国后卫弗里德里希在施魏因斯泰格的助攻下射进了第3粒进球，这也是他参加77场国际比赛以来的首粒进球。施魏因斯泰格在球门区内接到回传后连过3人将球带到门前，这让人印象非常深刻。不仅评论员蕾蒂，整个足球界都震惊了：阿根廷队完全被打散了。亲爱的观众朋友们，现在请让我们一字一句地慢慢说："离比赛结束还有17分钟，德国队对阿根廷

队的比分为3∶0。"

剩下的时间足够克洛泽再进一球。一个标杆式的进球，一个足以展示前锋智慧的进球，其实这个进球发生的时候镜头还没有捕捉到，镜头一般都会捕捉赛场上球员的动作、行为，滚动的足球和其他看似重要的环节。但就在球场的另一端，在全场观众的见证下，一些对进球产生决定性的因素正在悄然成型。这就是第88分钟。

克洛泽在球场右半部分直线跑动,但没人注意到他。他的跑位精准到位,这无疑是克洛泽在本届世界杯上最美妙的跑位之一。

他从后场出发,先从右向左跑动,一步、两步、三步、四步、五步,他向前移动的速度很快,也没遇到什么干扰。阿根廷球员也在他身边跟着他一起跑。波多尔斯基快速带球,通过中场,直入前场,在快到禁区时,他将球传给厄齐尔。厄齐尔之后那记大师般的传球则在这场布局中起到了关键作用。

场上风云突变，一些看似平常的事情突然变得别有韵味。厄齐尔禁区左角传球给克洛泽。这时克洛泽已经在长距离跑位后站到了禁区中间偏右的位置。此时此刻他必须减速让自己停下来，不然就会越位。

停球，瞄准目标，克洛泽还有时间。他接球后直接右脚抬射，球从守门员左边划过。对方一名防守球员试图中间断球，但太迟了。

进球后不久，终场哨声响起。马拉多纳画完十字后拥抱了他的每一名球员。后来他坦言，这是他生命中最艰难的时刻。

但德国队之后也并没有踢进决赛。他们在狂扫阿根廷队之后以0∶1输给了技术上完美的西班牙队。《踢球者》评论道："虽然场上局面一边倒，但比赛还是很精彩。"

在和乌拉圭队的三、四名争夺战中，克洛泽因背部有伤坐在替补席上。穆勒、扬森和赫迪拉分别打进了球，德国队3∶2战胜了乌拉圭队，夺得第三名，成绩和2006年一样。

轻松愉快的比赛背后是令人敬畏的成绩。当然，德国队获得第三名不足以载入世界杯史册，但4∶1大胜英格兰队，4∶0大胜阿根廷队还是让人记忆深刻。

而在和阿根廷队的比赛结束时，克洛泽也取得了了不起的成绩。在2010年7月3日这个周六，这位32岁的前锋的世界杯进球数已经达到了14个。4周前他还备受质疑，现在他追平了盖德·穆勒的世界杯进球纪录。在开普敦的天空下，克洛泽再一次空翻。

进球

阿根廷 0：4 德国

第88分钟

方式：右脚射门进球

助攻：厄齐尔

进球庆祝方式：禁区右边线处空翻，落地干净利落，腰间出臂挥拳。

队内所有人都非常激动。我们之前就致力于打败阿根廷队，现在我们做到了。这让我很高兴。其他的一切都是额外附加品。

——克洛泽在和阿根廷的1/4决赛后说道

比赛

阿根廷 0：4 德国

2010年世界杯1/4决赛

开球：2010年7月3日，16：00

球场：开普敦球场

观众：64100

0：1　穆勒（3'）

0∶2　克洛泽（67'）

0∶3　弗里德里希（74'）

0∶4　克洛泽（88'）

破门机会　3∶7

角球　5∶4

阿根廷队阵容

罗梅罗；奥塔门迪（70'帕斯托雷），德米凯利斯，布尔迪索，海因策；马克西·罗德里格斯，马斯切拉诺，迪玛利亚（75'阿圭罗）；梅西，特维斯，伊瓜因

教练：马拉多纳

德国队阵容

诺伊尔；拉姆，默特萨克，弗里德里希，博阿滕（72'扬森）；赫迪拉（77'克罗斯），施魏因斯泰格；穆勒（84'特罗霍夫斯基），厄齐尔，波多尔斯基；克洛泽

教练：勒夫

裁判：伊尔马托夫（乌兹别克斯坦）

黄牌：奥塔门迪，马斯切拉诺；穆勒

如果热爱一样东西，比如足球，你要忍耐、忠诚，要执着、永不放弃，无论它给你带来的是欢乐或失望，名利或痛苦。我会一直在这里，即使世界忘记。

阅读笔记

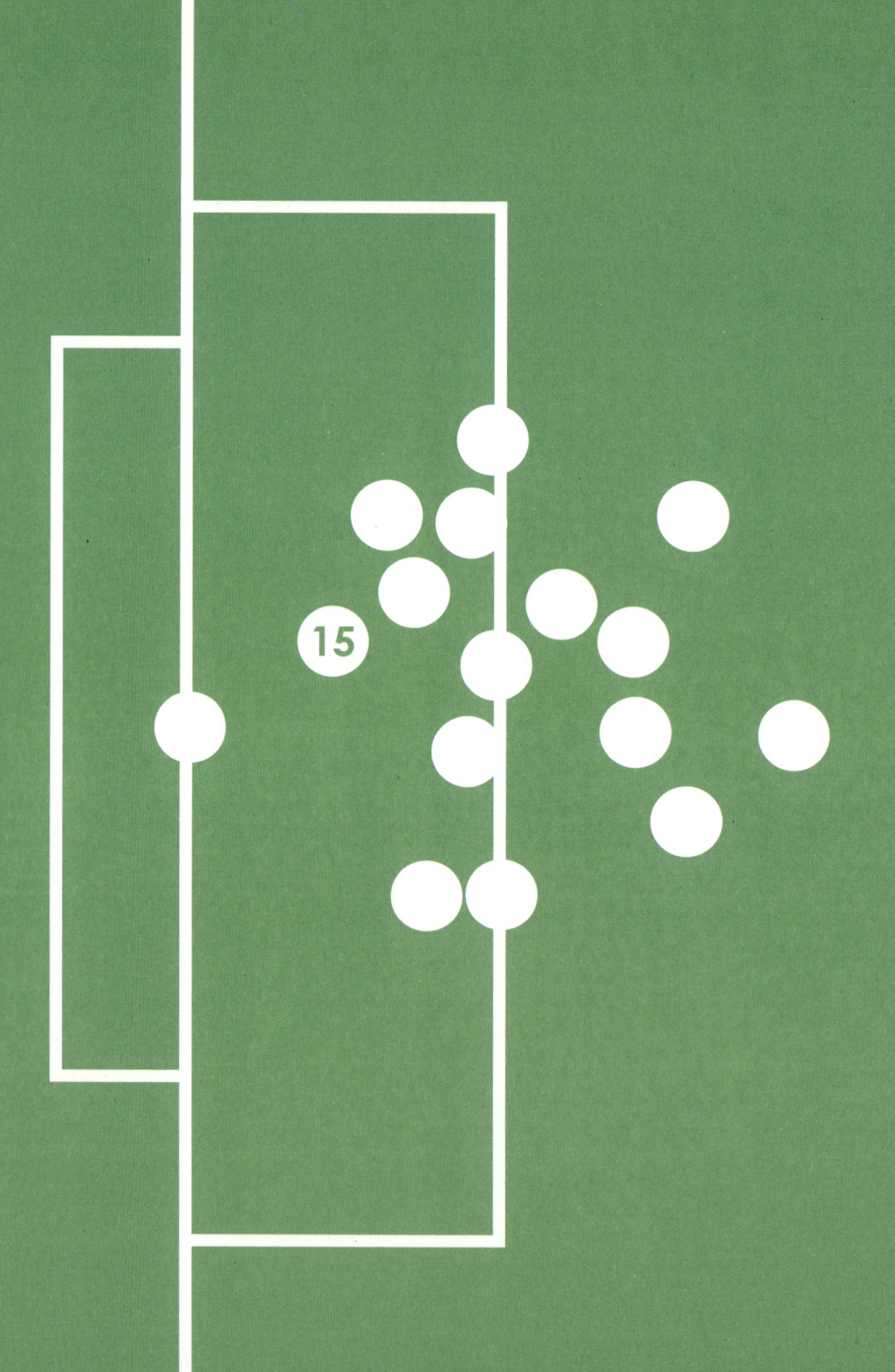

进球 15
德国 2 : 2 加纳
右脚射门进球

一夜之间，克洛泽成了德国队前锋这个位置的最终且唯一人选。自2011年起，他效力于罗马拉齐奥队。2013—2014赛季他出场25次，贡献了7个进球。2014年的世界杯，他成了德国队里唯一的前锋。名单中没有基斯林，没有库兰伊，也没有克鲁斯。福兰德（霍芬海姆）和戈麦斯（佛罗伦萨）也并没有随队前往。

前往巴西前几天，效力于多特蒙德的中场球星罗伊

斯踝关节受伤。勒夫并没有选择在锋线上加一名"铁榔头",作为他的替补,而是增加了一名后卫,他就是效力于桑普多利亚俱乐部的穆斯塔夫。

一个名副其实的11号球员这次要踢"伪9号"这个角色,这在德国世界杯历史上算是史无前例的。1954年德国队有9位进攻队员;1974年6位;1990年5位;那2014年呢?对此国内业界表示出极大的担忧。"这个素有'前线炸弹国度'之称的德国队经历了备受赞誉的沃勒尔、'金色旋风'克林斯曼和'金门小子'比埃尔霍夫之后,将由一位快36岁的前锋老将带领开启本届世界杯之旅。"《法兰克福汇报》苦不堪言地评论道,"球队没有前锋还能夺冠吗?"

2006年世界杯,波多尔斯基和穆勒还作为锋线人物活跃在场上。而在其他球队,具有进攻性的中场大将取代了前锋并屡屡进球,比如西班牙队就是用这样的方式夺得了欧洲杯冠军,但这些事例并没有起到安抚德国群众的作用。

不过这个担忧很快就淹没在世界大环境中(乌克兰危机,欧洲大选,泰国军事政变)。但队服事件又浮出水面。在队服设计上,胸前从上到下由深入浅的红色渐变图案多为人们所诟病,设计师这次在短裤的颜色选择上也是用白色取代了德国队传统的黑色。粉丝博主"队服首长"认为这真是太丑了,而且是德国世界杯史上最丑

的队服。他们说:"我们失望至极,而且这简直就是个灾星。从队服联想到比赛,我们觉得这一年必输无疑!"

而德国队在汉堡和波兰队的热身赛上所发生的事情就更像一个预言。在一次集训前,米勒门球场里"法西斯的世界里没有足球"的字迹被遮挡了一部分,这个标语是2013年球迷在新看台上涂上去的。据国家队发言人格力特纳在推特上说,这样做是为了避免球员看到"法西斯"一词。于是,勒夫的球队现在是在这足有一人高的"没有足球"的字迹下训练。而"没有足球"也体现了一些怀疑者对本届世界杯德国队比赛的质疑态度。

在世界杯揭幕战中,德国队以4∶0轻取葡萄牙队。

这是一支拥有国际巨星克里斯蒂亚诺·罗纳尔多的葡萄牙队，穆勒上演了"帽子戏法"，胡梅尔斯贡献1球。意大利《罗马体育报》说："德国队让人胆寒。"而《图片报》则以"穆勒一场进3球，轰动全场靠大家"来表示祝贺。

而那个前三届世界杯揭幕战共进5球的人在本场比赛中却坐在替补席上。作为球队元老，克洛泽在赛前和球员们在更衣室有一次谈话，这谈话内容后来被传了出去。其实克洛泽不愿意自己说的话被传出去，但事后他对《世界报》的一名记者说道："您看，很显然我这次用词很恰当啊。"

但不管怎样，坐在冷板凳上的滋味毕竟不好受。而

进球 15　德国 2∶2 加纳

且数据还在那儿摆着呢：3次世界杯19场比赛的巴西传奇射手罗纳尔多共踢进15粒进球，而克洛泽已经有14粒了。

即便这样，克洛泽也没能出现在对加纳队的首发阵容里。这场比赛可没有揭幕战那么轻松。这批黑马在首场比赛中败给了美国队，所以气势汹汹誓要拿下这场比赛。而德国队显然还没有适应对手释放出来的这种狂暴的压力。

这无疑是本届世界杯小组赛中最精彩的一场比赛，整场比赛充满着速度、激情与惊喜。第51分钟，格策进球，比分变为1∶0；3分钟后，安德雷·阿尤将比分改写为1∶1；第63分钟，吉安再进一球，德国队以1∶2落后。这瞬间引起场内的轰动。勒夫用施魏因斯泰格换下赫迪拉，克洛泽换下格策。而仅过了两分钟，这次双换人的效果就显现了出来。

第71分钟，德国队获得角球。克罗斯从左边开出角球，球高高飞到禁区内。默特萨克跳起抢点，赫韦德斯头球摆渡，皮球飞向球门右侧立柱。在那里，克洛泽已经就位，在不到一米处，克洛泽右脚将球踢进球门。

克洛泽终于在世界杯进球数上追平罗纳尔多了。这名老将以空翻来庆祝这个进球，不过这次落地不稳，他坐在了地上。但几秒之后他又站了起来，握拳振臂高呼。这一吼，克洛泽等了漫长的12年。

最终2∶2平，德国队也得到了小组赛的第4分。很快，克洛泽就变回了那个脚踏实地的普法尔茨人。"20场比赛，15粒进球感觉不错。"他对着镜头总结道，"但更重要的是下场对美国队的比赛还要好好表现。"

而罗纳尔多那边呢？他发扬了体育精神，并及时通过推特表示了对克洛泽的祝贺，甚至用了葡语、英语和德语三种语言："克洛泽，欢迎来到（15球）俱乐部。"

进球

德国 2 : 2 加纳

第71分钟

方式：右脚射门进球

助攻：赫韦德斯

进球庆祝方式：空翻，落地坐在了地上；握拳庆祝，仰天长啸。

我也不知道是什么推动我去做那个空翻。你们也看到了，在这方面我还有待提高。

——克洛泽

比赛

德国 2 : 2 加纳

2014年世界杯第2场比赛

开球：2014年6月21日，21:00

球场：福塔莱萨卡斯特朗球场

观众：59621

1 : 0　格策（51'）

1 : 1　安德雷·阿尤（54'）

1∶2　吉安（63'）

2∶2　克洛泽（71'）

破门机会　8∶6

角球　7∶3

德国队阵容

诺伊尔；博阿滕（46'穆斯塔夫），胡梅尔斯，默特萨克，赫韦德斯；拉姆，赫迪拉（69'施魏因斯泰格）；厄齐尔，克罗斯，格策（69'克洛泽）；穆勒

教练：勒夫

加纳阵容

达乌达；阿福尔，门萨，阿萨莫阿，博耶；拉比乌（78'巴杜），蒙塔里；阿特苏（72'瓦卡索），博阿滕（53'乔丹·阿尤），安德雷·阿尤；吉安

教练：阿皮亚

裁判：里奇（巴西）

黄牌：蒙塔里

如果热爱一样东西，比如足球，你要忍耐、忠诚，要执着、永不放弃，无论它给你带来的是欢乐或失望，名利或痛苦。我会一直在这里，即使世界忘记。

阅读笔记

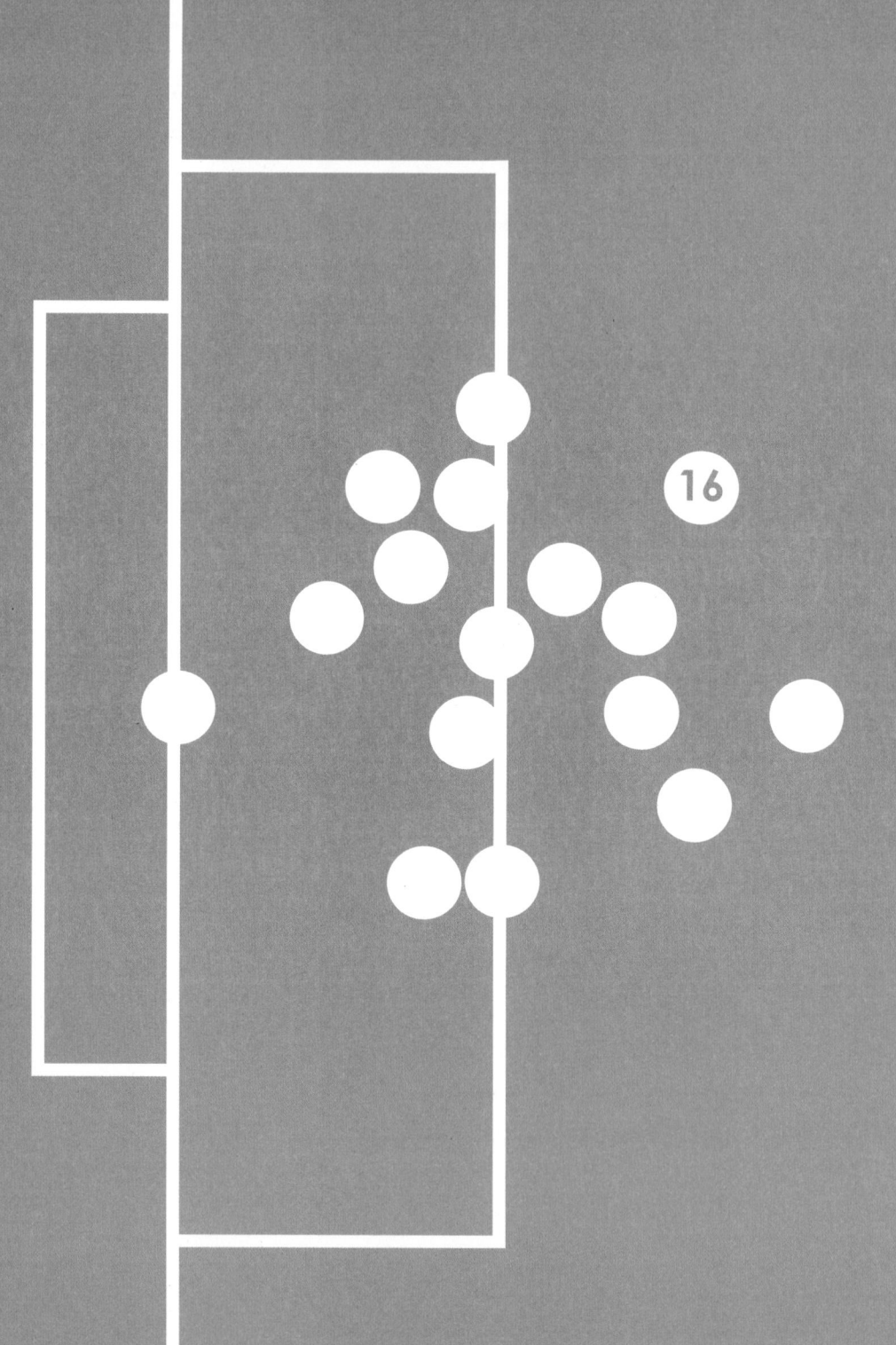

进球 16
巴西 0∶2 德国
右脚射门进球

在足球赛中,重量级的比赛并不算多,而当之无愧的重量级比赛就更少了。2014年世界杯德国队与巴西队的半决赛可以算是其中一场。

这是一场毫无预兆的奇迹。之前,巴西队点球3∶2战胜智利队,2∶1战胜哥伦比亚队。而以批评家的角度来看,德国队加时赛2∶1胜阿尔及利亚队,1∶0胜法国队也没什么好显摆的。

克洛泽在1/8决赛中还坐在冷板凳上,在1/4决赛中,他的名字出现在了首发阵容里,但他并没有进球。而这场对巴西队的半决赛克洛泽依然首发。

巴西是本届世界杯的东道主，世界杯夺冠纪录保持者，它是一个传奇。比赛当日，巴西队带着自己的传奇和对内马尔的召唤站到了绿茵场上。天才巨星内马尔因伤缺赛，名字并没有出现在首发阵容中，但大家把他的精神带到了赛场。主教练斯科拉里的鸭舌帽上写着"给我们力量吧，内马尔"。在奏国歌环节，巴西队队长大卫·路易斯和门将塞萨尔将内马尔的球衣展示于众，就好像这球衣有超能力，能够让他们赢得冠军。但从最终结果来看，这灵性似乎已从队中悄悄溜走了。

开场前几分钟，场面局势十分激烈。巴西队带着他们固有的热情频频杀入德国队禁区，但却是德国队先进了球。在穆勒将比分改写为1∶0后，足球巨人的坚毅果敢慢慢消失了。其实那时候巴西队还是有机会扳平的，但随着德国队2∶0领先后，后面的一大波进球就变得势不可当了。估计人们在未来10年依然会对这场比赛念念不忘。

克罗斯在球场中央距离对方禁区10米左右，准备起脚传球。在禁区和周围共有4名德国队球员和7名巴西队球员。克罗斯看到穆勒从右侧开始横穿禁区跑动，于是他起脚传球。球从丹特两腿之间穿过，精准地向着穆勒跑动的方向滚去。

穆勒在跑动中发现其实克洛泽的位置更好，因此他几乎没有碰球就跑了过去。他的这一举动让克洛泽能够毫无妨碍地直射球门。

巴西门将将球挡了出来，但他没有拿住球。球弹到了克洛泽脚下，随后克洛泽补射，球从门将右侧划过，擦右门柱入网。而这次克洛泽的庆祝方式里并没有空

翻，只是转身双膝跪地，也没有挥拳，只竖起了食指。古罗马时期的帝王雕塑也有过类似的姿势。

也许他想说："我已经向所有人证明了。"这场对巴西队的比赛是克洛泽第4次世界杯半决赛。这也是他第136场国际比赛（只有马特乌斯参加的国际比赛比他多）。这个进球是他的世界杯第16粒进球，但并非最精彩的一个。毕竟这是靠补射入网才进的球，但这就是坚持的胜利。

在克洛泽和他的队友庆祝进球时，巴西人听到从场内传出的解说，感觉如遭雷劈一般。贝洛奥里藏特市有"美好的起点"一说，现在看来，这是个多么大的讽刺啊！而这次，罗纳尔多并没有通过推特送出祝福，对于自己的纪录被打破，他的内心在挣扎吗？还是他料到了接下来场内要发生的一切？

在赛场上方的玻璃间内，巴西队曾经的前锋罗纳尔多坐在那里一动不动，就像我们在生物或医学课堂上看到的标本一样。他本身就是一部历史，他很重要，没有人会忘记罗纳尔多。但历史的续写就和他没什么关系了。

从解说比赛的角度来看，接下来的180秒属于足球史上最繁忙的一段时间。社交软件推特在这方面带来了前所未有的新闻浪潮。2∶0克洛泽，3∶0克罗斯，

4∶0克罗斯。"在我们忙着读这些消息的时候,德国队又进球了",这是巴西报纸在第二天的新闻标题。

在赫迪拉为德国队攻入第5粒进球之后,比赛进入中场休息,下半场许尔勒连进2球,将比分改写为7∶0。而奥斯卡则在终场哨响之前踢进稍微扳回颜面的一球,比分定格为7∶1。克洛泽表现不错,但足球王国则溃不成军。

5天之后,德国队在决赛中再次遭遇老对手阿根廷队,在此次比赛中,克洛泽没有进球。第88分钟,比分

还保持在0：0。勒夫用格策将克洛泽换下场，克洛泽则神情凝重地离开了绿茵场。对这场比赛，他已无能为力。而格策在许尔勒的助攻下做到了。关于世界杯的结局，有什么能比捧得大力神杯更好的呢？

比赛结束，球员们欣喜若狂，许多人将自己的孩子们也带到了场上。克洛泽也是。当他开始自己的足球职业生涯时，卢安和诺亚还没出生。现在他们都慢慢长大了——一年又一年，一点一点地成长——已经有了乃父之风。而他们的爸爸就是那位克洛泽大帝。

进球

巴西 0：2 德国

第23分钟

方式：右脚射门进球

助攻：克罗斯、穆勒

进球庆祝方式：双膝跪地向前滑行，双臂张开伸出食指以示庆祝。

我是一名前锋，前锋都想进球，我当然希望自己能在射手榜榜首的时间待得更长些。

——克洛泽在和巴西队的半决赛后说道

比赛

巴西 1：7 德国

2014年世界杯半决赛

开球：2014年7月8日，22:00

球场：米内罗体育场

观众：58141

0∶1　穆勒（11'）

0∶2　克洛泽（23'）

0∶3　克罗斯（24'）

0∶4　克罗斯（26'）

0∶5　赫迪拉（29'）

0∶6　许尔勒（69'）

0∶7　许尔勒（79'）

1∶7　奥斯卡（90'）

破门机会　5∶13

角球　7∶5

巴西队阵容

塞萨尔；麦孔，大卫·路易斯，丹特，马塞洛；古斯塔沃，费尔南迪尼奥（46'保利尼奥）；伯纳德，奥斯卡，胡尔克（46'拉米雷斯）；弗雷德（69'威廉）

教练：斯科拉里

德国队阵容

诺伊尔；拉姆，博阿滕，胡梅尔斯（46'默特萨克），

赫韦德斯；施魏因斯泰格，赫迪拉（76'德拉克斯勒）；穆勒，克罗斯，厄齐尔；克洛泽（58'许尔勒）

  教练：勒夫

  裁判：罗德里格斯（墨西哥）

  黄牌：丹特

如果热爱一样东西，比如足球，你要忍耐、忠诚，要执着、永不放弃，无论它给你带来的是欢乐或失望，名利或痛苦。我会一直在这里，即使世界忘记。

阅读笔记

附录一　媒体对克洛泽破世界杯进球纪录的评价

克洛泽,世界杯的神话。

——西班牙《马卡报》

这就是真正伟大的射手,不会兴奋过度,因为他将进球视为自己的职责。

——英国《每日邮报》

克洛泽,声震世界的克洛泽!

——德国《体育图片报》

克洛泽被载入世界杯史册。

——西班牙《机密报》

顽强的克洛泽在越过一系列无精打采的巴西后卫后,完成了他世界杯的第16球。

——法国《队报》

老将,谢谢你!

——德国《图片报》

克洛泽大帝。

——法国《世界报》

克洛泽被载入史册,他自己本身就是一部历史。

——拉齐奥官方推特

克洛泽撕裂了罗纳尔多的进球纪录。

——德国《法兰克福汇报》

16粒进球,现在他成了奇迹。

——意大利《罗马体育报》

克洛泽,来当市长吧!

——德国西南电台,来自布劳巴赫市

附录二　克洛泽履历

1978年6月9日　出生于波兰奥波莱。

1978年　克洛泽的父亲约瑟夫从波兰足球甲级联赛奥德拉奥波莱队转会法国欧塞尔队，并携家人一同前往。

1984年　克洛泽一家搬回波兰。

1985年　克洛泽一家移民德国。通过边境难民住所弗里德兰后寄居在库塞尔地区。

1994年　在埃登科本体校第一天的首场比赛后，他被送回了家。

1998年　克洛泽从地区布劳巴赫-迪德尔科普夫俱乐部转到洪堡俱乐部，踢三级和五级联赛。

1999年　转会到凯泽斯劳滕业余队。

2000年4月15日　德甲首秀：对法兰克福，第75分钟上场（1:0）。

2000年9月11日　客场对波西米亚人队3:1获胜，克洛泽踢向欧洲，两次助攻。

2000年9月22日　克洛泽在德国地方的西南电台的一

期关于凯泽斯劳滕的节目中首次上镜,他说进国家队还太遥远。

2000年10月20日　收获德甲首粒进球,2∶0战胜不来梅队。克洛泽空翻首秀。

2001年3月24日　第一场国际比赛,在国家队第一粒进球,世界杯预选赛2∶1胜阿尔巴尼亚队。

2002年　德国队世界杯亚军(0∶2负于巴西队)。

2004年　转会至云达不来梅队。

2004年　和西尔维娅结婚。

2005年　双胞胎儿子卢安和诺亚出生。

2006年　德甲射手王:26场比赛25粒进球。

2006年　世界杯第三名(3∶1胜葡萄牙队)。

2007年　转会拜仁慕尼黑。

2008年　德甲冠军和德国杯冠军(拜仁慕尼黑)。

2008年　欧洲杯亚军(0∶1负于西班牙队)。

2010年　德甲冠军、德国杯冠军、欧冠进决赛(拜仁慕尼黑)。

2010年　世界杯第三名(3∶2胜乌拉圭队)。

2011年　转会意大利拉齐奥。

2014年　在世界杯半决赛和巴西队的比赛中,克洛泽射入他的第16粒世界杯进球,自此成为世界杯射手榜榜首。

2014年　世界杯冠军（1∶0胜阿根廷队）。

2014年8月11日　137场国际比赛，71粒进球，克洛泽宣布退出国家队。

附录三　世界杯射手榜

16球

克洛泽（德国）2002—2014年

15球

罗纳尔多（巴西）1998—2006年

14球

盖德·穆勒（德国）1970—1974年

13球

方丹（法国）1958年

12球

贝利（巴西）1958—1970年

11球

桑多尔·柯奇士（匈牙利）1954年

克林斯曼（德国）1990—1998年

10球

赫尔穆特·拉恩（德国）1954—1958年

库比拉斯（秘鲁）1970—1978年

拉托（波兰）　1974—1982年

莱因克尔（英格兰）　1986—1990年

巴蒂斯图塔（阿根廷）　1994—2002年

托马斯·穆勒（德国）　2010—2014年

9球

莱昂尼达斯（巴西）　1934—1938年

阿德米尔（巴西）　1950年

胡安·斯基亚菲诺（乌拉圭）　1950—1954年

瓦瓦（巴西）　1958—1962年

席勒（德国）　1958—1970年

尤西比奥（葡萄牙）　1966年

雅伊尔津霍（巴西）　1970—1974年

罗西（意大利）　1978—1986年

鲁梅尼格（德国）　1978—1986年

巴乔（意大利）　1990—1998年

维埃里（意大利）　1998—2002年

比利亚（西班牙）　2006—2014年

8球

斯塔比莱（阿根廷）　1930年

马拉多纳（阿根廷）　1982—1994年

沃勒尔（德国）　1990—1994年

里瓦尔多（巴西）　1998—2002年

作者简介

克里斯托夫·纳格尔（Christoph Nagel），出生于1973年。他自诩为一名足球浪漫主义者。他追求奇迹和惊喜，那些按部就班的事从不是他的关注点。纳格尔这次撰写的是关于一名"世界杯失败者"的故事，故事主人公就是长期以来被人低估的大器晚成的克洛泽。此书一经出版即让他名声大噪。他大学专攻历史学。现作为自由作者和交流专家在汉堡和拉文施塔特工作和生活。

其撰写的官方编年体传记《圣保利足球俱乐部》曾获2010年度德国足球文化研究院"年度足球书籍"提名。